改訂版

一番やさしい！
一番くわしい！

はじめての「投資信託」入門

竹川美奈子［著］
宗 誠二郎［イラスト］

ダイヤモンド社

はじめに――

みなさんは投資信託をご存じでしょうか。

投資信託は少ない資金で手軽に分散投資ができる優れた商品です。簡単にいうと、たくさんの人たちからお金を集めて、そのお金でいろいろな金融商品を購入します。

たとえば、株式に投資する投資信託であれば、投資の専門家が投資家から集めたお金を元手に、数十社、多いものでは1000社以上の会社の株を購入します。たくさんの会社の株が入った「株の詰め合わせ」と考えるとイメージしやすいかもしれません。

●アップルやグーグルに投資できる！

かりに先進国の株式に幅広く投資する投資信託を購入すると、アメリカやフランス、スイスといった国々の会社に投資をします。そして、投資信託を通して、アップルやグーグル、ネスレといった会社に自分のお金が投資されるわけです。わずかな金額であっても投資信託を買うことで、日本はもとより、世界の優良企業の成長を享受できるのです。

投資信託というツール（道具）を使えば、何億円もの資産を持つ富裕層でなくても、日本にいながらにして気軽に世界各国の株式に投資することができるようになっています。

投資はお金持ちがするものというイメージがありますが、大部分の投資信託は1万円から買うことができます。最近では１００円や１０００円から買えるネット証券などもあります。また、毎月一定の金額で投資信託を自動的に購入していく「積み立て」というしくみも毎月１００円や１０００円から利用できます。これなら、コンビニで買うコーヒー１杯、ランチ１回分の金額ですから、気軽に投資できそうな気がしませんか？

このように、これまで銀行の定期預金くらいしか利用したことがない人や、まとまったお金のない人でも、手軽に資産形成をはじめられるのが投資信託のよいところです。投資信託はとても使い勝手のよい金融商品なのです。ただし、しくみが複雑で手数料の高い商品も含まれているので、選別は必要です。

●投資信託は、資産形成を後押しする制度に必ず入っている

日本でも、資産形成を応援するさまざまな制度ができてきました。たとえば、２０１４年には一般ＮＩＳＡ《ニーサ》（少額投資非課税制度）が、２０１８年からつみたてＮＩＳＡ《ニーサ》（積み立て型のＮＩＳＡ）がスタートしています。２０１７年からは公的年金に上乗せして、自分で年金をつくっていく制度、ｉＤｅＣｏ《イデコ》（個人型確定拠出年金）の対象者が拡大され、原則60歳未満の現役世代はだれでも加入できるようになりました（＊１）。そして、いまや会社員の約6人にひとりが企業型確定拠出年金（以下、企業型ＤＣ）に加入しています。これは会社が決まった金額の退職金を支払うのではなく、退職金や企業年金の「元に

なるお金」を掛金として支払い、自分たちで商品や割合を決めて運用していく制度です。こうした資産形成を後押しする制度、退職金を自分でつくっていく制度の中で用意された商品群に必ず入っているのが投資信託です。

このように、投資信託と出会う機会、おつきあいする機会は確実にふえているのです。もっとも、投資信託と出会う、利用する機会がふえたにもかかわらず、投資信託についてはよくわからないという人も多いようです。ふだん生活する中で投資信託について知る、学ぶ機会はないのですから、それは当然です。ただ、こうして資産形成を後押しする制度ができて、投資信託を活用する機会がふえたわけですから、せっかくなら投資信託の基本を知って、前向きにおつきあいしていきませんか。

投資信託を購入して、長期にわたって運用し、そして最終的に解約するには、私たちは必要な知識を身につける必要があります。、投資信託は、株式に比べて「わかりにくい」「とっつきにくい」と言われます。種類や本数がとても多いこと、専門用語がたくさんでてくること、そして、しくみがわかりにくいことなどがその理由です。

そこで、本書では、投資信託に興味をもったり、購入を考えていたりする人が「本書を読めば投資信託の基礎知識がひと通り身につく」ことを目標にしました。具体的には、投資信託の基本的なしくみから商品の選び方、その活用法までをわかりやすく解説しています。投資信託の知識がまったくない人でも理解できるように、平易な文章を心掛けるとともに、イラストを使った図解や用語解説もふんだんに入れるなど、工夫を凝らしています。
もちろん、よくわからないままですでに投資信託を購入してしまったかた、企業型DCやiDeCo（個人型確定拠出年金）に加入しているかたにもおすすめです。

投資信託に関する基礎知識を身につけることができれば、だれかに頼ることなく、自分で商品を選んで、長い目でお金を育てていくことができるようになります。

＊1国民年金の第一号被保険者、第三号被保険者は20歳以上60歳未満、第二号被保険者(会社員・公務員)は60歳未満。ただし、企業型確定拠出年金加入者は規約変更等が必要なため加入できない人も多い

●投資先を分散、長期で保有して「お金を育てる」

投資信託はいろいろな会社などにまとめて投資できる（分散投資といいます）ことが魅力のひとつです。ただ、金融危機などで株価や為替が大きく変動するのを目の当たりにすると投資をしても大丈夫なのか心配になるかたも多いでしょう。

そこで、左の図をご覧ください。これは日本を含めた世界の株式（＊2）に毎月1万円ずつ、20年積み立てを行ったときの受取額を示したものです。横軸は積み立て投資を行った期間で、たとえば、「1995～2015年」「1996～2016年」「1997～2017年」というふうに表示しています。縦軸の棒グラフは、毎月1万円ずつ20年積み立てた投資元本240万円がいくらになったかを示しています。

毎月1万円を20年世界株に投資した場合

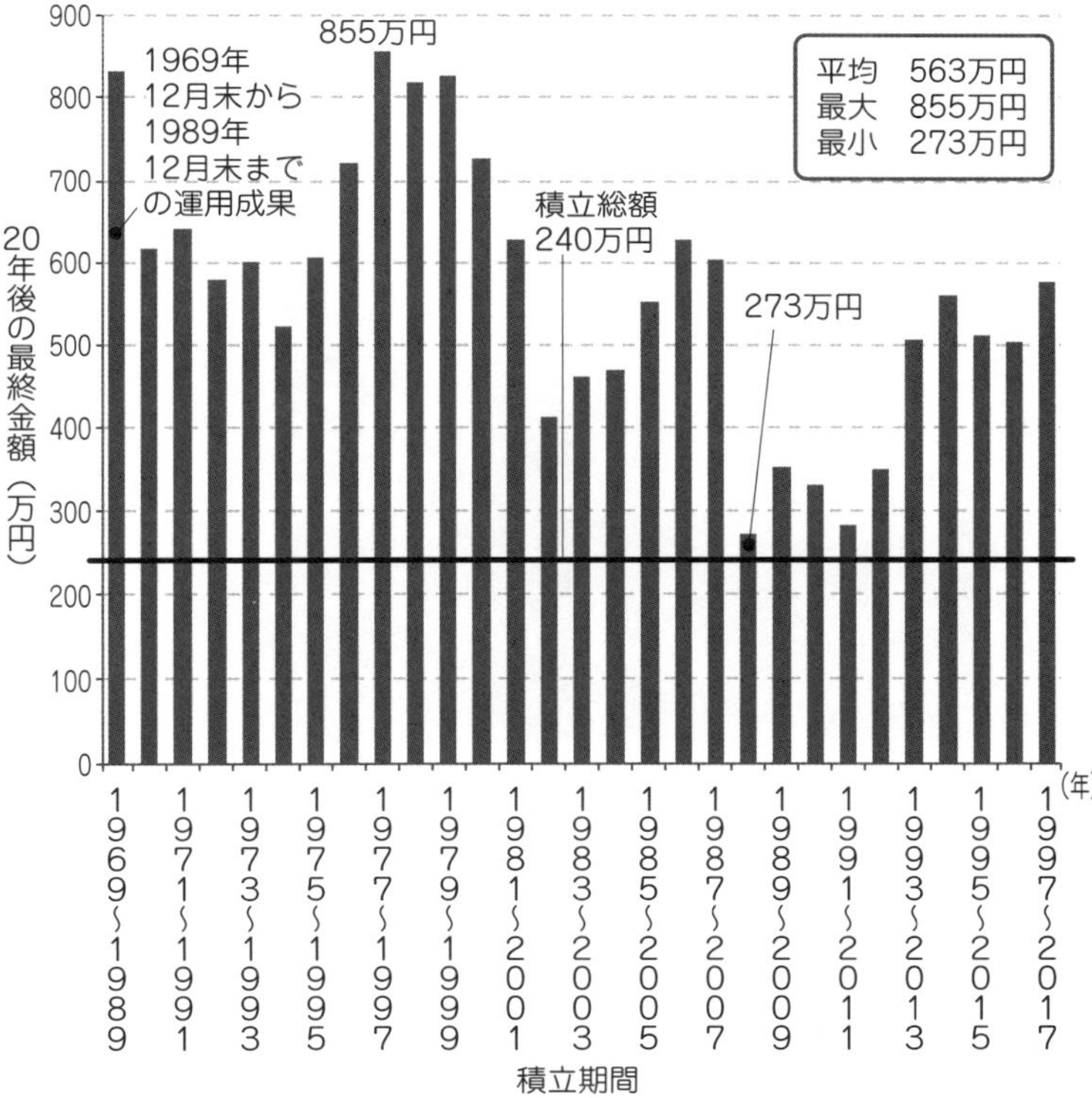

※各月末に1万円、世界株式に積立投資した場合の、20年間の運用成果を示しています
<出所>世界株式：MSCIワールド（グロス、円ベース）

かりに世界株に20年積み立て投資をしたら、240万円が平均すると563万円になりました。一番成績のよかった20年では855万円にふえています。いちばん成績の悪かった20年でも273万円という結果になりました。

過去のデータですから、未来も必ず元本割れしないとは言えませんし、1年といった短期間であれば、資産が大きく目減りすることもあります。しかし「分散投資」と「長期」を組み合わせることで、結果的に安定した運用ができたわけです。

＊2世界株式：MSCIワールド（グロス、円ベース）＝日本を含む先進国株の指数を使用

基本を学んで、投資信託という道具を使いこなそう！

たとえば、マラソンをはじめるときには、

●走り方の基本を習う
●フォームをチェックする
●走ってみる
●記録をつける

というステップを踏むそうです。投資信託も同じです。基本を学んで、投資方法や商品の選び方をチェックし、まずは少額ではじめてみる。そして、記録をつけて修正をしていく。そうしたステップを踏むことで、しっかりと投資信託という道具を使いこなせるよう

になり、資産運用ができるようになっていくはずです。

本書の内容をご紹介しましょう。第1章「そもそも投資信託って何⁉」は投資信託の基礎知識を学びます。初心者のかたは必ずお読みください。

第2章「投資信託の儲けと損はどう決まる？」ではリターンの見方や手数料、分配金などついて解説しています。そして、第3章「投資信託はどのように運用されている？」をお読みいただけると、投資信託の「中身」がどのように決まるのかがわかります。

第4章「投資信託でお金をふやすための『3つの戦略』」ではプロの人たちも実践している考え方などをご紹介します。そして、第5章では運用担当者が銘柄を選んで投資する投資信託を見極める方法について、そして、最後の第6章は実際に投資信託を購入するときの手順やポイントなどを説明しています。

初心者の方は第1章から読んでいただきたいのですが、すでに購入したことがあるという方は興味のある章から読んでもかまいません。なお、本書は2013年に発売した『はじめての「投資信託」入門』の改訂版です。

本書をお読みいただき、ひとりでも多くのかたが投資信託について理解を深めてくださることを願っています。

目次

改訂版　一番やさしい！　一番くわしい！　はじめての「投資信託」入門

第1章

そもそも投資信託って何!?――017

第2章 投資信託の儲けと損はどう決まる？

第3章

投資信託はどのように運用されている？

第4章 投資信託でお金をふやすための「3つの戦略」 101

第5章 納得できる正しいアクティブ投信の選び方――129

第6章

投資信託はこうして買いなさい

第1章

そもそも投資信託って何!?

投資信託は株や債券がたくさん入った「詰め合わせ」

投資信託というのは私たち投資家からお金を少しずつ集めてひとまとまりにし、そのお金を運用の専門家が運用してくれる金融商品です。1人ひとりが出すお金はそれほど多くなくても、まとまって数十億円、数百億円単位になれば、個人ではアクセスしにくい地域や国に投資したり、たくさんの株式や債券などに投資したりすることができます。つまり、**専門家が目利きをして、投資信託という「器」に株式や債券などを入れる「詰め合わせ（パッケージ）商品」なのです。**たくさんの会社の株などが入った詰め合わせですが、一般に1万円（金融機関によっては1000円や100円）から購入できます。そして、運用成果に応じて、価格は上がったり、下がったりします。

たとえば、お弁当やさんは、肉や野菜などのさまざまな素材を仕入れます。それをプロの料理人が調理して「お弁当」という商品にし、お客さんに販売します。投資信託も同じように、運用のプロが一定の投資理念・運用スタイルに基づいて「こういう詰め合わせをつくろう」という判断をします。そして、たくさんの株や債券などを組み入れて「投資信託」という商品をつくって提供します。投資信託は略して「投信《とうしん》」、あるいは「ファンド」と呼ばれることもあります。この本では主に投信と表記します。

1-1 プロが中身を考えて作っているものを買う！「投資信託」は詰め合わせのお弁当に似ている

投資信託を買うのは、自分にも企業にも〝いいこと〟

私たちが、たとえば株式に投資する投信を購入するというのはどういうことでしょう？投資したお金は運用会社を通じて、たくさんの会社に投資されます。つまり、私たちは投信を通じて会社の株を買い、そして保有することになります。会社はそのお金を使って新しい工場をつくったり、機械を買ったりして、新しい製品やサービスを生みだします。長期的にそれらの会社が生み出す財やサービスの価値が向上していけば、それに伴って会社の価値も向上します。その結果、**会社の株価が上がったり、利益の一部を配当として受け取ったり**という恩恵を享受できるわけです。

投信は会社の株がたくさん入った「詰め合わせ」でしたよね。日本の中にもキラリと光る会社はありますし、世界的な優良企業にも投信を使えば投資をすることができます。投信という器の中にそうした会社がたくさん入っていれば、長期的に投信の価格も上がっていくというわけです。

自分ひとりで会社の株主になるにはまとまったお金が必要ですが、投信はひとつの商品を買うだけで、たくさんの会社のプチ株主になれます。投信という商品を通して、**企業は世の中に役に立つ製品・サービスを提供できるし、投資家は資産をふやす機会を得られます。**本来、投信は投資先の会社も、投資する私たちもハッピーにしてくれる存在なのです。

1-2 投信を買うことで多くの会社を応援できる！

投資信託は中身によって、性格が変わる！

ひと口に投資信託といっても、その中身は多岐にわたります。というのも、投信という「詰め合わせ」にはさまざまなモノを入れることができるからです。

たとえば、お弁当といっても、和食の幕の内弁当もあれば、中華やベトナム料理のようなアジアンテイストのものもあります。そして、どんなお弁当をつくるかによってその中に入る素材は違ってきます。

投信も同じです。たとえば、トヨタ自動車や楽天といった日本企業の株だけが入った詰め合わせもあれば、アップルやマイクロソフト、ネスレといった海外の先進国の企業の株だけが入った商品もあります。また、詰め合わせには株式だけではなく、国債（国が発行する債券）や社債（会社が発行する債券）といった債券が入っていたり、不動産（↓用語解説参照）やコモディティ（商品）などが入っていたりするものもあります。さらに、株だけ、債券だけというように1種類だけではなく、「株と債券」「株と債券と不動産」というように、いくつかの資産が一緒に入っているものもあるのです。

このように、**投信という「器」に何が入っているかは商品によって異なります。**個々の商品によって特徴や性格も大きく違うため、その中身をきちんと調べて、理解することがとても大切なのです。

1-3 投信は詰め合わせの中身によってまったく違う商品になる！

用語解説

不動産：投信は不動産に直接投資するのではなく、「上場不動産投資信託（REIT《リート》）」に投資する。REITは多くの投資家から集めた資金や借りたお金を使って不動産を購入し、その不動産から得られる賃貸料収入や売却益を投資家に還元する金融商品。東京証券取引所などに上場している。

投資信託の中身は「どこ」の「何に」投資するかで決まる

では、どうしたら中身がわかるでしょうか。

まずは「どこの」「何に」投資する商品なのかを投信の取扱説明書《トリセツ》である「目論見書《もくろみしょ》」で最初に確認しましょう（目論見書の詳しい読み方は第3章以降をご覧ください）。

投資する地域はどこ？→国内・海外・内外（国内と海外の両方）

大きく分けると、この3つになります。国内は日本国内だけに投資する商品のこと。「海外」は海外だけに投資する商品、「内外」は国内と海外の両方に投資する商品です。「海外」や「内外（国内と海外）」となっている場合には、その範囲を確認しましょう。

何に投資する？→株式・債券・不動産・その他・資産複合

投資する対象は株式、債券、不動産、その他資産の4つになります。それに加えて、「株式と債券」「株式と債券と不動産」というようにいくつかの資産にまとめて投資を行う「資産複合」という分類もあります。

投信の中身によって値段がどのくらい動くかも違ってきます。たとえば、中身が債券中心なら値動きは比較的穏やかですが、株式中心だと大きく動きます。

1-4 「どこの」「何に」投資する商品を買いたい？

どこの地域・国の

世界中
欧州
アフリカ
アジア
日本
米国
南米

×

どんなものに

株式

債券

その他
〈コモディティ（商品）など〉

不動産

※株式や債券、不動産というようにいくつかの資産にまとめて投資を行う「資産複合」という分類もある

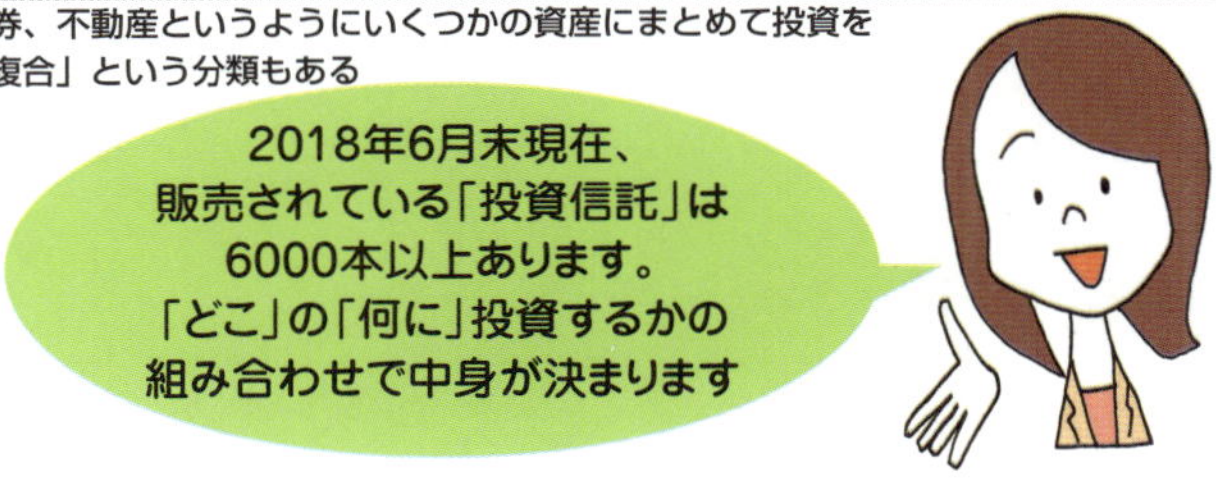
2018年6月末現在、
販売されている「投資信託」は
6000本以上あります。
「どこ」の「何に」投資するかの
組み合わせで中身が決まります

まとまったお金がなくても、運用をプロにお任せできる！

投信のメリットは、「少ないお金」で「株や債券に分散投資できる」ことです。 会社の株を買おうと思ったら、数万円から数百万円といったまとまったお金が必要です。株はその会社ごとに100株単位で取引すると決まっているからです。たとえば、1株3000円の株を100株単位で買うと、最低でも30万円と売買にかかる手数料が必要になります。いくつかの会社の株がほしいと思ったら、さらにたくさんのお金が必要です。

その点、投信はふつう1万円から購入することができます。最近では100円や1000円から買える金融機関もあります。毎月一定の金額ずつ投信を購入していく「積み立て」というしくみを利用しても、最低積立金額が100円や500円、1000円というケースがふえてきました（詳細は第6章を参照）。

また、たくさんの株や債券に分散投資しているので、1つの会社に投資するのに比べて価格の変動が小さく抑えられます。つまり、何十倍になるような〝大化け〟は期待できませんが、その代わり、投資先のうちのひとつが倒産しても投資したお金がゼロになってしまうこともありません。

それに、個人がこれから伸びそうな企業を探したり、調べたりするには時間や手間がかかります。海外も視野に入れていれば、なおさら大変です。そういう意味でも、**まとまっ**

1-5 投信の特徴は「少額」で「分散投資」注意点は手数料がかかること

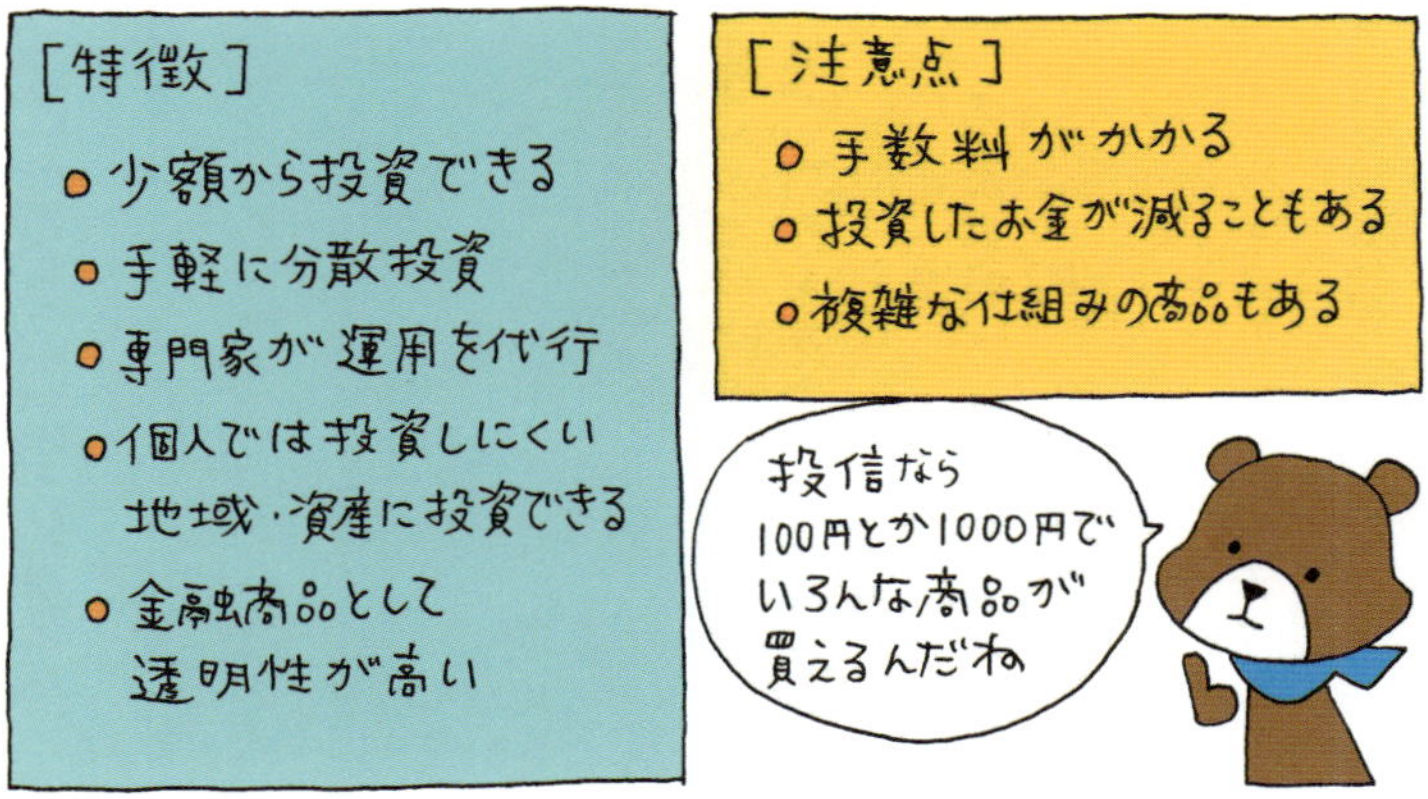
[特徴]
○少額から投資できる
○手軽に分散投資
○専門家が運用を代行
○個人では投資しにくい地域・資産に投資できる
○金融商品として透明性が高い
[注意点]
○手数料がかかる
○投資したお金が減ることもある
○複雑な仕組みの商品もある
投信なら100円とか1000円でいろんな商品が買えるんだね

たお金がない、仕事や子育て、趣味などが忙しくて投資にさほど時間を割けない、という人にとって、投信は専門家に運用を代行してもらえる商品・サービスといえます。

ただし、専門家に運用をお任せする分、相応の手数料がかかります。投信の手数料には安いものから高いものまでかなり差があるため、そこはしっかり見ていく必要があるでしょう（詳細は第2章を参照）。

また、株や債券など価格が変動するものに投資するため、元本保証ではありません。運用がうまくいって利益が得られることもあれば、運用がうまくいかず元本割れしてしまうこともあります。

「つくる」「売る」「管理する」という3つの会社がかかわっている

私たちは投信を「販売会社」から買います。お弁当は「お店」でお客さんに販売されていますよね。投信も同様に、販売会社を通して商品が売られています。販売会社とは、具体的に街で見かける証券会社や銀行の窓口のほか、ネット証券・ネット銀行などになります。そこでは投信の購入・解約に応じたり、投資家の口座管理を行ったりしています。

次に、投信という商品をつくって運用するのが「委託会社」、いわゆる運用会社です（左図の欄外参照＊）。お弁当の例でいえば、お弁当をつくっている工場のようなもの。運用の専門家であるプロの料理人（運用担当者）がいるのも運用会社になります。ノウハウを駆使し、顧客の財産をふやすように務める運用会社は、投信においてもっとも重要な役割を果たしています。

運用会社の中には投信を運用するだけでなく、自ら直接投資家に販売する会社もあります。これは、野菜の生産者が消費者に「直売」形式で販売するのと同じようなものです。

そして、お弁当でいえば、売上金やお弁当を保管する倉庫のような存在が「受託会社」です。受託会社は主に信託銀行が担当していて、運用会社からの指示に従って、株式や債券などの売り買いや管理を行います。また、投資家から集めた信託財産を自社の財産とは区別して保管・管理しています。

1-6 投信は「商品をつくる」「売る」「管理する」の3つの違う会社が関わっている

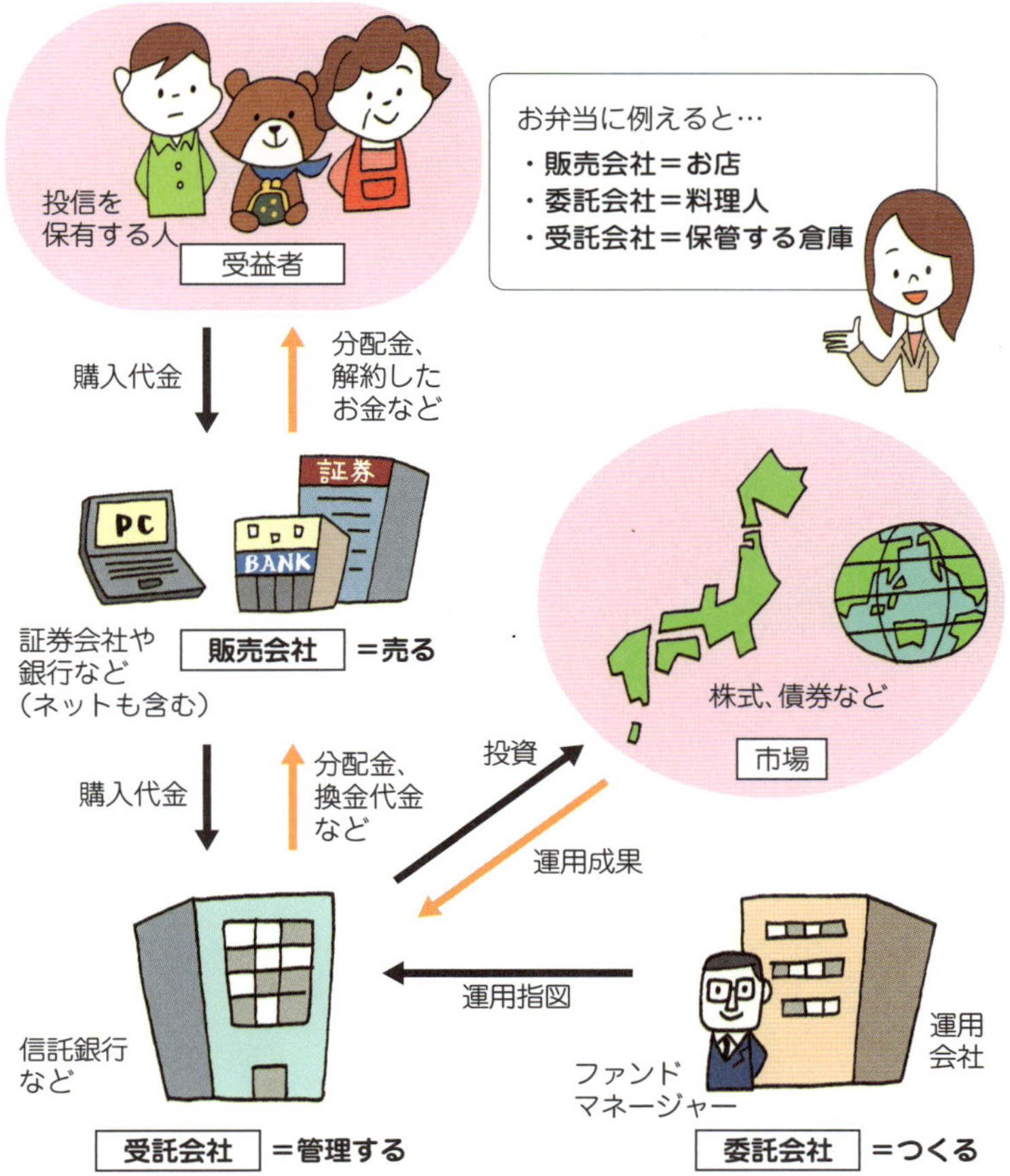

※交付目論見書や運用報告書などの資料では投信を設定・運用する会社を「委託会社」と記載していますが、本書ではわかりやすさを重視し本文では「運用会社」と記載します

販売会社や運用会社などが破たんしても資産が守られる！

投信には3つの会社が関わっているというお話をしました。では販売会社、運用会社、そして受託会社（信託銀行）のいずれかが万一破たんしたら、私たちが託したお金はどうなるのでしょうか。結論からいえば、三者のいずれかが破たんしても託したお金は守られるしくみになっています。ただし、価格は変動するので元本割れすることはあります。

販売会社（証券会社や銀行など）が破たんした場合

販売会社は投信を取引するときの窓口になります。投信を購入する際に支払ったお金は販売会社を経由して、信託銀行に行き、信託銀行が「顧客の財産」として管理を行っています。ですから、投信を購入した銀行や証券会社などが破たんしても、私たちの財産がなくなることはありません。保有していた投信は、別の販売会社に移管されて、移管先の販売会社で引き続き取引することができます（破たんした販売会社でしか取り扱っていない商品だとそのときの時価で現金化されることもあります）。

運用会社が破たんした場合

運用会社は「この会社の株を買う、売る」といった運用の指図を行うだけで、投資家の

1-7 3つの会社のどれかが、破たんした場合は？

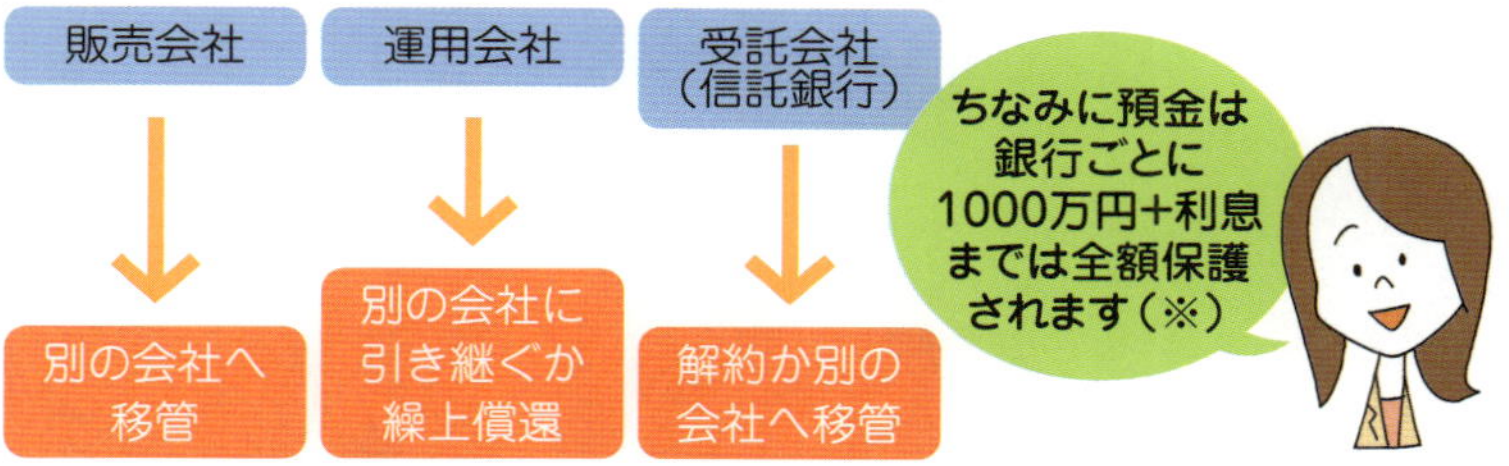

※定期預金や利息のつく普通預金などの場合。利息のつかない決済性預金などは全額保護される

お金を預かっているわけではありません。保管・管理を行うのは信託銀行です。破たんした場合には、運用していた投信はほかの運用会社に運用が引き継がれるか、「繰上償還」といってあらかじめ決まっていた運用期間よりも前に運用が強制的に終了され、そのときの時価で現金化されて戻ってきます。

●受託会社（信託銀行）が破たんした場合

顧客の財産を管理しているのが受託会社（信託銀行）で、顧客の財産と信託銀行の財産は分けて管理することが法律で義務づけられています。これを「分別管理」といいます。そのため、信託銀行が破たんしても、投信の財産に影響はありません。破たん時の時価で解約するか、ほかの信託銀行に投信の財産が移管されれば、投資家はそのまま投信を保有できますし、できない場合には時価で戻ってきます。

主役は「投信をつくって運用している会社」＝「運用会社」

私たちが投信を買うときには、まず投信を売っている証券会社や銀行などに目が向きがちです。けれど、本当は投信を買うときには、「売っている会社」ではなく、「つくっている会社」に注目することが大切です。

たとえば、スイーツも、どこで売られているかではなく、つくっているお店やパティシエ（つくっている人）が注目される時代です。家電もクルマも、文具も、販売店というよりは、お気に入りのメーカーや商品が気になるのではないでしょうか。

投信も同じです。主役はメーカーにあたる運用会社。ほかのモノを買うときと同じように、「この運用会社（メーカー）の」「この投信（商品）」を「どこで買おうか」という順番に考えたいものです（商品の選び方については第4章と第5章でご説明します）。

運用会社は「○○アセットマネジメント」とか、「××投信」といった名前がついていることが多いです。大きく分けると、日系と外資系があり、日本では大手銀行や証券会社、保険会社などの資本系列の会社が多数を占めています（図1-8）。

最近は一部ではありますが、そうした資本系列に属さない独立系の運用会社などもでてきています。〝看板〟だけでなく、それぞれの持ち味や哲学といった〝個性〟をみていきたいですね。

1-8 商品をつくっている運用会社例

	日系	外資系
証券系	●野村アセットマネジメント ●大和証券投資信託委託	●ゴールドマン・サックス・アセット・マネジメント
銀行・信託銀行系	●三菱UFJ国際投信 ●三井住友トラスト・アセットマネジメント ●アセットマネジメントOne	●JPモルガン・アセット・マネジメント ●ステート・ストリート・グローバル・アドバイザーズ
生保・損保系	●ニッセイアセットマネジメント	●イーストスプリング・インベストメンツ
独立系・その他	●スパークス・アセット・マネジメント ●鎌倉投信 ●セゾン投信 ●レオス・キャピタルワークス	●バンガード・グループ ●ブラックロック ●フィデリティ投信 ●ピクテ投信投資顧問

※2018年6月末現在

↓

大事なのは「どこが」運用しているかということ

日本は親会社が証券会社や銀行というケースが多いです
運用会社はクルマでいえばトヨタ、ホンダといったメーカーと同じです

「一般向け」「確定拠出年金向け」「両方で買える」の3つがある

ここまで投資信託のお話をしてきましたが、投資信託には

1公募投信
2確定拠出年金専用の投信（＝確定拠出年金の加入者しか買えない）
3両方で買える投信

の3タイプがあります（図1-9）。

1の「公募投信」は運用会社が一般の人向けに作って、銀行や証券会社などで販売されている投信のこと。だれでも証券会社や銀行などに口座を開設すれば、投信を購入することができます。2018年6月現在6000本以上の商品があります。

NISA口座で買える投信は**1**に含まれ、「つみたてNISA」の対象になっている投信も公募投信のうちの一部です。

2の「確定拠出年金専用」の投信は、企業型DCやiDeCoなど確定拠出年金に加入していて、確定拠出年金の口座で購入する投信のことです。

最近は**3**の「両方で買える」商品も増えてきています。その場合、同じ商品を証券口座でも、確定拠出年金の口座でも購入できます。

また、左図では**1**公募投信の円の中に、つみたてNISA対象投信を入れていますが、

1-9 投信は口座によって買えるものが違う

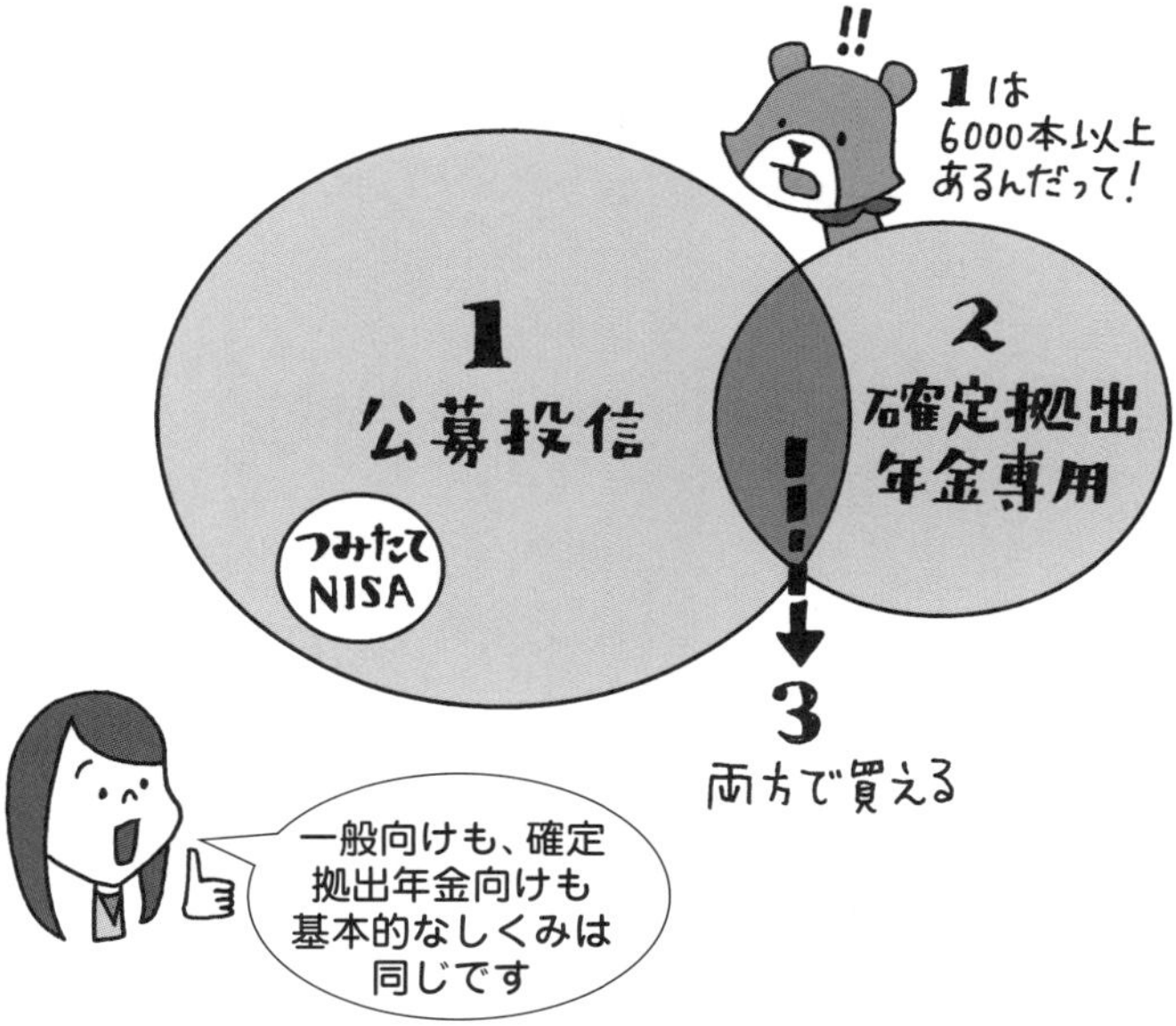

実際には確定拠出年金の口座でも買える投信もあります。つまり、**3**両方で買えるものもある、ということです。

親切な運用会社では、ホームページや交付目論見書に「確定拠出年金（DC）専用」「確定拠出年金（DC）兼用」というように、どのタイプなのかわかりやすく表示している場合もあります。

ただし、**1**でも**2**でも、販売する金融機関（DCの場合は運営管理機関といいます）によって取り扱う投信が異なるため、すべての投信を買えるわけではありません。

ところで、株式と債券って何？

投資信託はたくさんの株式や債券などに投資するための「器」でしたね。投資経験のない人は株式や債券といっても、ピンとこないかもしれません。

まずは株式について説明しましょう。長期での運用を考える場合、まず持ちたいのは株式です。株式というのは、株式会社が投資家から資金を集めるために発行するものです。投資家は、出したお金の量に応じて株式を保有し、その分の会社の権利を持つことができます。株式会社は、いろんな人からお金を出してもらうことで成り立っていて、会社の権利を小分けにしてお金を集めるためのしくみが株式といえます。

株式を保有することで得られる利益は２つあります。

株式投資とは、出資して会社の権利を小分けして持つこと

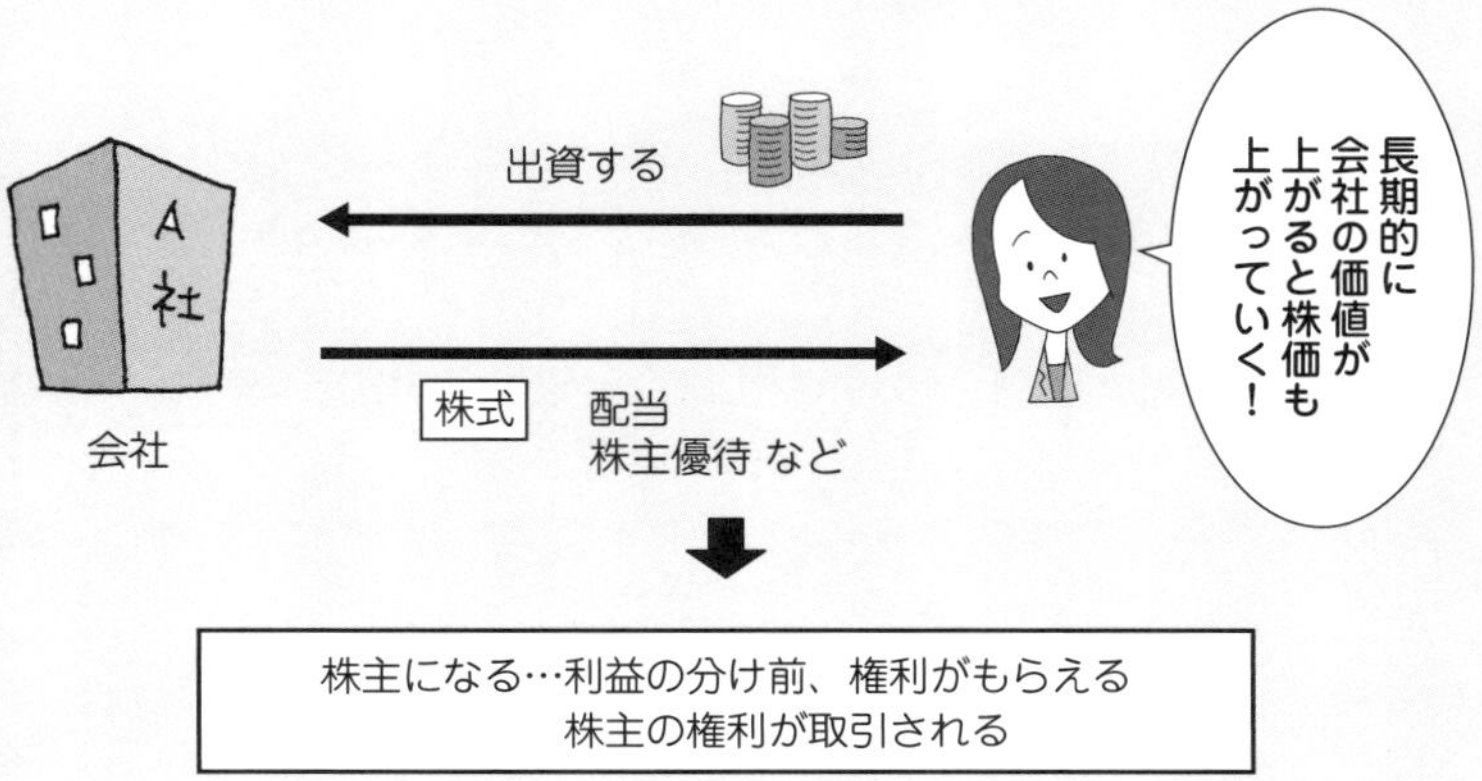

ひとつは「配当金」です。株を持っている人（株主）は会社のオーナーですから、会社が事業を行い利益を出すと利益の一部を配当として受け取ることができます。どれくらいの配当金が出るのかは、会社の業績や方針（どの程度を株主に分配するか）などによって異なります。中には、配当の他に自社の製品やサービスを無料または格安で提供するといった、株主を優遇するしくみ（株主優待）を設けている会社もあります。

証券取引所に上場している会社の株は、自由に買ったり、売ったりすることができます。保有している株式を売るときに、購入した値段（＝株価）に比べて株価が上がっていると、値上がりした分の利益を得ることができます。

株価は短期的には需給（買いたい人と売りたい人の勢力・状況のこと）で動きます。売りたい人より買いたい人が多ければ、株価は上昇しやすくなり、逆に株を買いたい人よりも売りたい人のほうが多ければ株価は下落しやすくなります。

ただ、長い目で見ると、株価はその会社の価値に沿った動きをします。世の中に必要とされる商品・サービスを提供して利益が伸びていく会社であれば、長期的には株価も上がっていきます。もちろん、短期的には実際の価値よりも大きく下がったり、上がったりということも起こりますが、長い目で見ると企業価値に収れんしていきます。つまり、いい会社を見つけて投資をし、長期で株を保有することで、その会社の成長の果実を分け合う（シェア）のが株式投資なのです。

次に債券です。債券というのは、会社や国、自治体などにお金を貸す証拠として発行してもらう証書のようなものです。

皆さんがよく耳にする「国債」は、国が発行する債券のこと。

つまり、国債を買うということは、国にお金を貸すということになります。国にお金を貸す代わりに一定の利息をもらい、最終的に元本を返してもらうしくみです。

たとえば、個人向けに発行されている「個人向け国債」には、あらかじめ利率が決められている固定金利のものと、実勢金利の動きに応じて半年ごとに利率が変わる「変動金利」のものがあります。「変動金利」タイプは金利が上昇したときに、受け取る利息もふえるしくみになっています。

そのほか、地方自治体が発行する債券は地方債、企業が発行する債券は社債と呼ばれます。

債券価格は金利と逆に動くため、金利が上昇する局面では価格が下落していくことは覚えておきましょう。

債券投資とは、お金の貸主になること

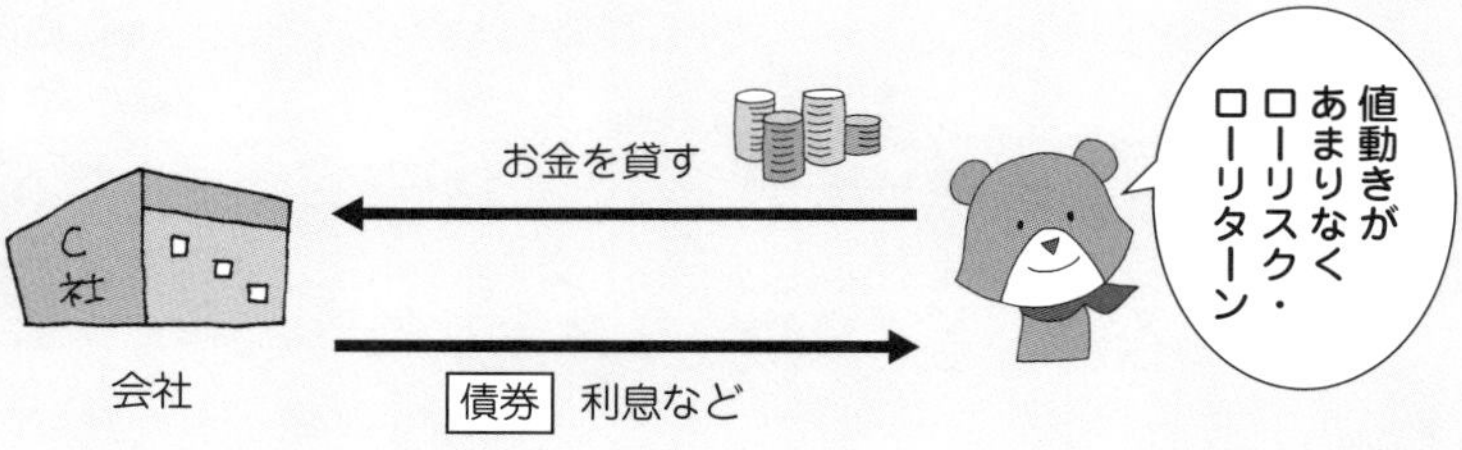

債券を買う…お金を貸している間は利息がもらえて、
最終的に元本を返してもらう
満期まで持てば、もらえる利息がわかるので
リターンも予測できる

第2章

投資信託の儲けと損はどう決まる？

投資信託の儲けは「売却益」と「分配金」で決まる

投信の儲けと損は何で決まるかというと、①売却益（キャピタルゲイン）または損（キャピタルロス）と②分配金（インカムゲイン）の２つです。

1つ目の売却益・損は投信の価格がどう動くかによって決まります。投信を買ったときよりも価格が値上がりしていれば、解約したときに儲けることができますし、逆に値下がりすると損をしてしまいます。投信の価格は「基準価額《きじゅんかがく》」と呼ばれていて、「1万口当たり○円」という具合に表示されていることが多いです。

もう1つが分配金です。投信には分配金と呼ばれるお金を、投信の決算が行われるときに投資家に支払うしくみがあります（投信によって分配方針が決まっていて、極力分配金をださない商品もあります）。分配金は投信の資産から支払われるので、分配金がでると投信の資産、いわゆる「純資産総額」といわれるものが減り、基準価額もその分下落します。

分配金については52ページで説明しますが「分配金をもらった分、投資したお金がふえる」わけではありません。分配金と銀行預金の利息とはまったく違うものです。**投資したお金がふえたかどうかは、買ったときよりも基準価額が上がっているか・下がっているか、そして受け取った分配金の両方を合わせた「トータルリターン」でみる必要があります。**

2-1 投信の儲けは「元本の動き」と「分配金」の両方でみる

① 売却益または損

キャピタルゲイン・ロス
（価格がどう動いたか）

＋

② 分配金

インカムゲイン

↓

トータルリターン

儲かったかどうかを判断をするときには「売却益（または損）」と「分配金」のどちらか一方ではなく、両方を総合的にみることが大事！

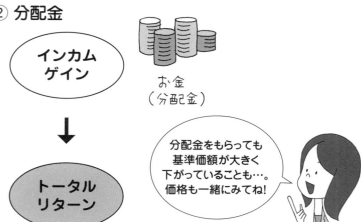

投資信託の値段は1日1回だけ変わる

第1章でご説明したように、投信はたくさんの株・債券などが入った「詰め合わせ」です。たとえば、日本株に投資する投信なら、投信という「器」のなかにトヨタ自動車や楽天、ファーストリテイリング（ユニクロ）など、たくさんの会社が入っています。そして、それぞれの会社の株価は日々上がったり、下がったりします。たくさんの会社が入っていますから、株価が上がる会社もあれば、下がる会社もあります。上がる会社が多ければ投信の基準価格は上昇しますし、逆に、株価が下がる会社が多ければ基準価格は下がります。

投信の基準価額はリアルタイムで刻一刻と動くわけではありません。というのも、投資している会社のそれぞれの終値《おわりね》（1日の取引が終わったときの最終的な値段）と投信が持っている株数を集計するのは1日1回だからです。保有する会社の株数と終値を集計し、株の配当や債券の利息などを加えた資産総額から、運用にかかる手数料などを差し引いた「純資産総額《じゅんしさんそうがく》」を出します。純資産総額というのは投信の規模を示しています。

この純資産総額を受益権総口数で割ったものが、その日の基準価額になります。投信の価格が変わるのは1日1回だけなので、株のように値段を指定して注文することはできませんし、購入するときも、解約するときも、「いくらで買えるか」「いくらで解約できるか」はわからないのです。

2-2 投信の値段「基準価額《きじゅんかがく》」は、こうして決まる

※正確には、投信の資産（株式、債券、現金など）に、株や債券の利息や配当などの収入を加えて、運用管理費用（信託報酬）などを差し引く（下記参照）

純資産総額（投信の規模・大きさ）

＝組み入れている株式や債券の評価額（終値×保有数）＋配当や利息などの収入－運用管理費用（信託報酬）などの手数料

受益権総口数（保有者の持ち分（口）をすべて足したもの）

＝純資産総額÷基準価額

基準価額（投信の値段）

＝純資産総額÷受益権総口数×基準単位（※）

※１万口当たり○円と表示されている場合は１万を掛ける

「純資産総額《じゅんしさんそうがく》」と「口数」の見方

「純資産総額」というのは、前述したとおり投信の規模のことをいいます。あまりに小さい規模だと運用が困難になったりするので、安定的にふえているものを選ぶのがポイント。

この純資産総額が日々ふえたり、減ったりするのは2つの理由があります。1つはマーケットの変動です。たとえば株式投信では、投信に含まれる会社のうち株価が上がる会社が多ければ純資産総額はふえますし、逆に下がる会社が多ければ純資産総額は減ります。もう1つは投資家の資金の出入りです。投信を購入する人がふえれば資産が増加しますから純資産総額はふえますし、逆に解約する人がふえれば減少してしまいます。

投信の資産のうち、自分の「持ち分」のことを口数といいます。要は投信を取引するときの「単位」と考えてください。おそうざいを買うときにサラダやお肉を「○グラムください」といいますが、投信の場合はそれが「口数」にあたります。

投信の場合には「1万口買います」という買い方よりも「投信を1万円購入したい」という買い方のほうが一般的です。そして、そのときの基準価額に応じて、たとえば「9500口買えた」という具合に購入できる口数が変わるというわけです。投信の保有者の口数をすべて合計したものが「受益権総口数」になります。純資産総額と受益権総口数がふえたり、減ったりすることで、基準価額が変動するわけです。

2-3 基準価額によって買える口数が決まる

※基準価額は1万口あたりの値段

「騰落率」と「トータルリターン」ってどういう意味？

投信の運用報告書や月次レポートをみると、「騰落率《とうらくりつ》」という言葉がでてきます。騰落率は投信の基準価額が過去のある一定期間中にどのくらい変動したかを割合（%）で示したものです。レポートでは1カ月、3カ月、1年、投信が運用をスタートしてからを示す「設定来」の騰落率などが記載されています。

たとえば、1万口当たり1万円の基準価額で運用がスタートした投信が1万1000円まで値上がりした場合、その投信の騰落率はプラス10%になります。投信は運用をスタートした時期もばらばらですし、分配金が支払われると基準価額はその分下がるので、単純に基準価額をみて比較することはできません。そこで、分配金が支払われた場合には、分配金（税引前）を再投資したものとして計算しています。

投信の成績をみるときは3年、5年、10年という具合になるべく長い期間をみましょう。短期ではなく、長期的に安定した成績をあげているかどうかが大切だからです。

保有する投信がある場合には、口座を開設している証券会社や銀行（直販の投信会社を含む）で、「トータルリターン」を確認する方法もあります。ネット証券などは口座にログインすればみられます。トータルリターンというのは自分が投信を購入してから、追加購入した分や一部解約した分、受け取った分配金、手数料などすべて反映した現在の合計

2-4 儲けはトータルリターンでチェック！

現在の評価金額（A）＋累計受取分配金額（B）＋累計解約金額（C）－累計買付金額（D）＝投資信託のトータルリターン

ファンド名	分配金コース	(A)現在の評価金額[円] 保有数量	基準価額[円]	(B)累計受取分配金額[円]	(C)累計解約金額[円]	(D)累計買付金額[円]	トータルリターン[円] (A)+(B)+(C)−(D)
○○ファンド	再投資型	307,763 79,686口	38,622	972	0	240,972	+67,763

ココが重要

損益を示したものです（図2－4）。損益は率ではなく、金額で表示されます。上の例では、現時点で6万7763円の利益がでています。

ここではリターンを中心に説明しましたが、投信を選ぶときにはリターンだけではなく、「どのくらいリスクをとっている投信なのか」を併せてみる必要があります（第2章の章末コラムを参照）。

＊2014年12月から「トータルリターン通知制度」が導入されている。対象は2014年12月以降に新たに買い付けた投信だが、金融機関によってはそれ以前から保有している投信についても対応している。

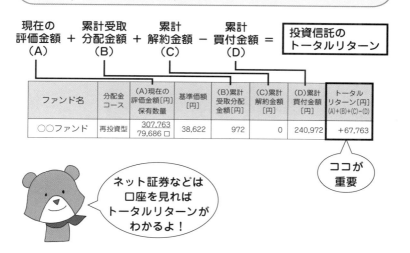

投資信託の価格が上がったり下がったりする原因は?

投信を購入するときには「その商品に投資すると、どんな要因で価格が変動するの?」ということをイメージしておく必要があります。これは「投資リスク」と呼ばれ、それぞれの投信の「交付目論見書」にも載っています。ここでいうリスクは一般に使われる「危ない」といった意味ではなく、「どういう要因で、投信の基準価額が上がったり、下がったりするのか」、ということを示したものです。51ページの図2-6にそれぞれの投信がどんな影響で価格が動くのかをまとめました。

投信の基準価額が日常的に変動する要因となっているものには次の3つがあります。

1つ目は**「価格変動リスク」**です。株式や債券、不動産投信など、どんな資産に投資をする投信でもこのリスクはあります。たとえば、株価は短期的には買いたい人と売りたい人の力関係(需給《じゅきゅう》)で動きますし、景気・経済情勢の影響も受けます。そして、長期的には、企業業績と連動していくといわれます。要は、会社が順調に利益をあげていれば長期的に株価は上がります。

2つ目は**「金利変動リスク」**です。債券に投資する投信は金利の影響を受けます。一般に、金利が上がると債券の価格は下がり、逆に金利が下がると債券の価格は上がります(図

2-5 金利と債券の値動きは逆になる

2-5)。

そして、3つ目が**「為替《かわせ》変動リスク」**です。為替というのは、それぞれの国の異なる通貨と通貨を交換する際の取引レートのことです。たとえば、海外の株式や債券などに投資する投信の場合、米ドルやユーロといった投資先の通貨を通して投資を行うため、為替が変動すると影響を受けます。購入後に投資先の通貨(たとえば米ドル)が高く、円が安くなると、投信の価格である「基準価額」を押し上げる要因になります。逆に円高ドル安になると基準価額が下がる要因になります。この為替変動のリスクを抑えるために「為替ヘッジ」(↓51ページの用語解説を参照)が「あり」の投信もあります。

次に、突発的に起こる可能性があり、起こると影響が大きいリスクが次の4つです。

1つ目は**「信用リスク」**です。これは株式や債券を発行する国の財政や会社の経営などが悪化して、価格が急落したり、ゼロになってしまったり、債券の場合には利子の支払いが滞ったり、元本を返せなくなったりする可能性のことをいいます。

2つ目は**「カントリーリスク」**です。これは投資する国の政治や社会、経済、自然などの環境が変わることで、価格が大きく変動するリスクのことをさします。

そして、3つ目が**「流動性リスク」**です。市場での取引量が少ないため、株式や債券を希望した価格で売却できなかったり、取引ができなかったりする可能性のことです。組入れ資産を期待する価格で売買できず、損失を被ることがあります。

最後に**「派生商品（デリバティブ）リスク」**です。派生商品の代表的なものには「先物取引（あらかじめ定める価格で将来売買を行う契約）」「オプション取引（あらかじめ決められた特定の価格で将来売買する権利を売買する取引）」などがあります。

派生商品の投信はこうした取引を活用して高い収益を狙いますが、その分大きな値下がりリスクもあります。これを読んで意味がよくわからない人は、このリスクが交付目論見書に記載してある投信を買うのはやめておきましょう。

2-6 値動きの要因となる「リスク」にはこんなものがある

●日常的に価格が動く要因となる可能性のあるリスク

		為替ヘッジ	価格変動リスク	金利変動リスク	為替変動リスク
国内	日本債券投信	―	○	○	
	日本株式投信	―	○		
海外	外国債券投信	あり	○	○	
		なし	○	○	○
	外国株式投信	あり	○		
		なし	○		○

●突発的に起こる可能性のあるリスク

- 信用リスク
- カントリーリスク
- 流動性リスク
- 派生商品リスク

用語解説
為替ヘッジ：為替レートの変動によって、投資している資産の価値が影響を受けないように為替リスクを回避すること。投信では「為替ヘッジあり」「為替ヘッジなし」と表記されている。ただし、為替ヘッジを行うためにはコストがかかる。

「分配金」は「預金の利息」とは違う

実は投信にも、ふつうの会社と同じように決算日があります。分配金は投信の決算が行われたときに投資家に支払われるお金です。毎月分配型と呼ばれる投信は毎月決算を行うタイプで、決算のたびに分配金を支払うタイプの商品のことをさします。分配金については誤解されている部分もあるので、基本的なことを押さえておきましょう。

●分配金は必ずしも収益から支払われるとは限らない

●分配金の一部、または全部が投資した資金（元本）から払い戻される場合がある

●分配金は運用資産（純資産総額）から払い出されるので、分配金を支払えば運用資産はその分減り、基準価額もその分下がる

分配金は、銀行の定期預金などの利息とは違います。投信とは別に、分配金を払い出す"別ポケット"があって、そこに分配金用の現金がプールされていると思っているかたもいるようですが、実際には、そのような別ポケットは存在しません（図2-7）。

また、そもそも「これから資産形成をしていこう」という現役世代は積極的に分配金を出す投信を購入する必要はありません。というのも、頻繁に分配金を出すと、運用益を再投資することによる複利効果が薄くなりますし、課税口座では分配金を受け取るたびに税金を差し引かれるからです。税金のかからない元本払戻金（特別分配金）もありますが、

2-7 分配金は投資の資産から支払われる

その場合、自分が購入した価格より値段が下がっているから税金が引かれないだけです。

商品によっては分配金をなるべく支払わない方針のものもあります。交付目論見書には決算頻度や分配方針、過去の実績なども載っています。なるべく決算頻度が少なく（年1回または2回）、極力分配金を出さないものを選ぶことをおすすめします。

それでも「年金代わりに」とお金を受け取りたいなら、毎月自動的に投信を解約するサービスなどを利用する選択肢もあります。分配金に頼るのではなく必要な分は解約をするというスタンスでよいのではないでしょうか。

投資信託の主な手数料は2つ！

投信の儲けに大きな影響を与えるのが手数料です。投信は「自分に代わって、代理人にお金を運用してもらう」商品でしたよね。そのため、さまざまな手数料がかかります。**どのくらい儲かるかは不確実ですが、手数料は確実にマイナスのリターンになる**ので、しっかりチェックしましょう！

まず、投信を購入するときにかかるのが「購入時手数料」です。

これは銀行や証券会社といった販売会社に対して支払う手数料のこと。スポーツジムにたとえると、入会するときに支払う入会金のようなもの、と考えればよいでしょう。なかには購入時手数料がかからない商品もあります。購入時手数料のかからないことを「ノーロード」といいます。２０１８年からスタートした「つみたてＮＩＳＡ」対象商品はすべてノーロードです。

そして、スポーツジムの年会費にあたるのが、「運用管理費用（信託報酬）」です。

入会金は入会時に一度支払えばおしまいですが、会員でいる限り、会費はずっと払い続けますよね。それと同じで、投信を保有している間、ずっと投信の資産から間接的に支払われるのが運用管理費用です。運用管理費用は、運用会社、販売会社、信託銀行の３者に支払われます。

2-8 投信にかかる手数料は主に2つ！

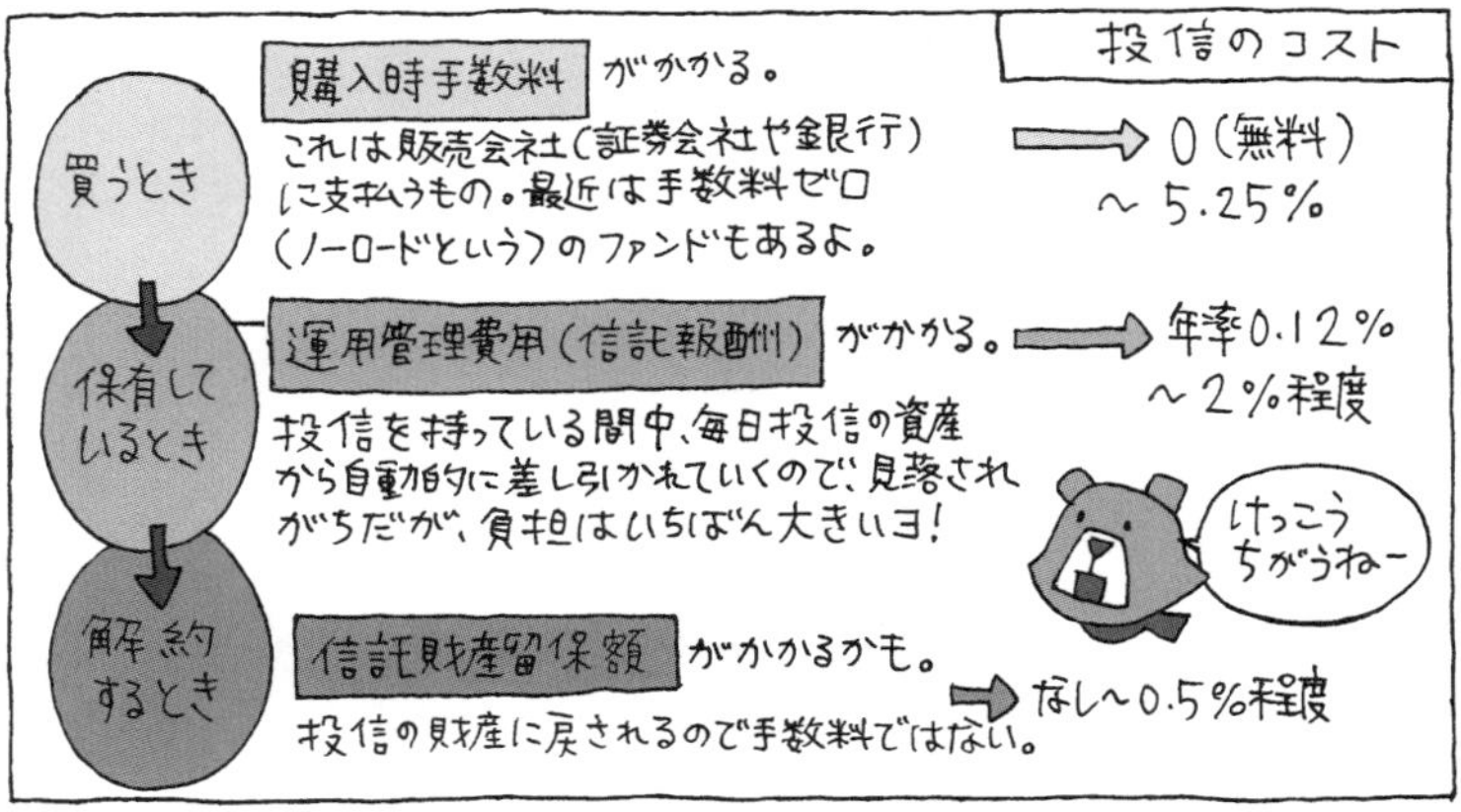
投信のコスト
買うとき
購入時手数料 がかかる。
これは販売会社（証券会社や銀行）に支払うもの。最近は手数料ゼロ（ノーロードという）のファンドもあるよ。
0（無料）～5.25%
保有しているとき
運用管理費用（信託報酬） がかかる。
年率0.12%～2%程度
投信を持っている間中、毎日投信の資産から自動的に差し引かれていくので、見落されがちだが、負担はいちばん大きいヨ！
けっこうちがうねー
解約するとき
信託財産留保額 がかかるかも。
なし～0.5%程度
投信の財産に戻されるので手数料ではない。

具体的には、投信の資産残高に応じて年率○%という率が定められていて、毎日、毎日、資産から差し引かれていきます。みなさんが目にする投信の値段である「基準価額」は、この運用管理費用が差し引かれたあとの数字です。

このほか、保有中には、運用管理費用以外にも株式や債券などを売買するときにかかる売買委託手数料や保管費用、監査法人に対して支払われる監査費用なども差し引かれます。内訳は「交付運用報告書」に載っています。

そして、3つ目が解約するときにかかる「信託財産留保額」です（かからない商品もあります）。この信託財産留保額は投信の資産に戻されるので、金融機関に支払う手数料とは性格が異なります。

運用管理費用（信託報酬）はわずかな差でも運用への影響大！

運用管理費用（信託報酬）は主に運用にかかる手数料として投資家が間接的に負担する費用です。投信の手数料の中でいちばん重視したいのがこの運用管理費用。投信を保有する間ずっと信託財産から差し引かれ、運用成績を押し下げる要因になるからです。

図2-9は100万円を投資して元本が変わらなかった場合（＝リターンがゼロの場合）に、運用管理費用の違いがどのくらい投信の資産額に影響を与えるかを表したものです。

運用管理費用の異なる3つの投信（Aは年0・2％、Bは1％、Cは1・5％）にそれぞれ100万円を投資したとします。最初の1年ではAとB、Cの差はほとんどありません。しかし、20年後には低コストのA投信が約96万円なのに対し、B投信は約82万円、C投信は約74万円となり、AとCでは20万円以上の差が開いてしまいます。ここではわかりやすいように、購入時手数料はゼロで計算しています。

このように、運用管理費用が運用成績に与えるインパクトは予想以上に大きいことがおわりいただけると思います。同じタイプの投信で同程度の運用成績であれば、コストの低いほうが有利に働きます（＊左図欄外参照）。運用管理費用は商品ごとに違い、「交付目論見書」（詳細は第5章）には、運用会社、販売会社、信託銀行にそれぞれどのような配分で割り振るかという内訳も書かれています。

2-9 同じ運用をしていてもコストだけでこんなに差がでる！

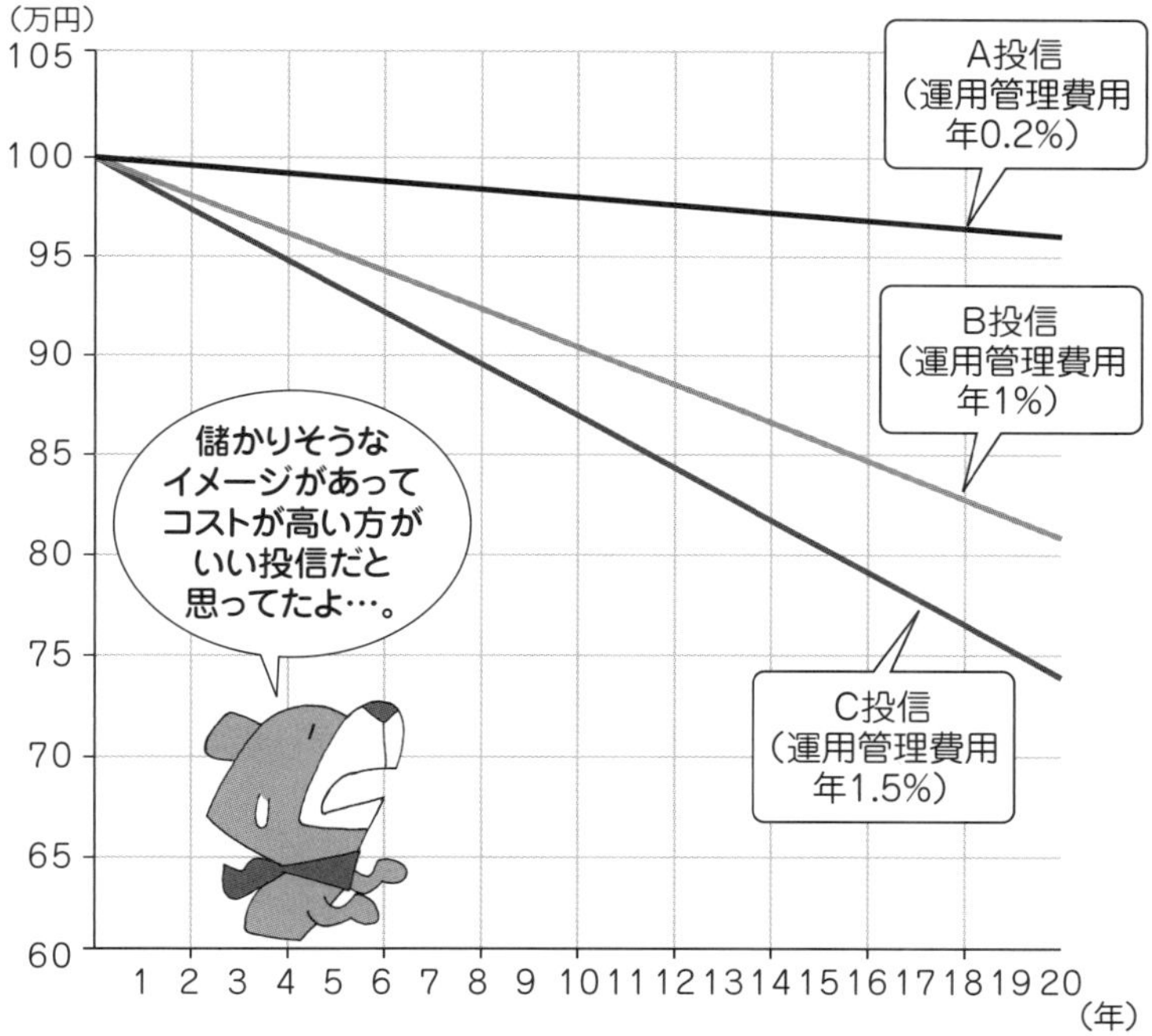

	1年	5年	10年	15年	20年
A投信（年0.2%）	99.80	99.04	98.01	97.04	96.07
B投信（年1%）	99.00	95.09	90.43	86.00	81.79
C投信（年1.5%）	98.50	92.72	85.97	79.71	73.91
A投信とC投信の差	1.30	6.32	12.04	17.33	22.16

※投信の基準価額は運用管理費用（信託報酬）を差し引いた後の数値。さらに運用管理費用を別途支払うわけではない。インデックス投信は指数への連動を目的としているため、運用管理費用の差がそのまま基準価額の差になるわけではない（120ページのミニコラム参照）。

運用管理費用（信託報酬）以外にもかかる手数料がある

投信を保有している間にかかるのは運用管理費用（信託報酬）だけではありません。それ以外にも、株などを売買するときの手数料や外貨建て資産の保管費用などがかかります。これらは手数料率が決められているわけではないので、交付目論見書を見てもわかりません。決算のときに出される「交付運用報告書」の「1万口当たりの費用明細」で確認しましょう（図2-10）。金額に加えて、比率（％）も表示されているので、同タイプの投信と比較してみるとよいでしょう。実質的なコストは決算期ごとに変動しますが、数期分をみるだけでも一応の目安になります。投信評価サイト「モーニングスター」でも実質的なコストの記載があります。

純資産総額が小さい投信は相対的に実質的なコストが高くなりがちですし、投信の中身を頻繁に入れ替える投信も、売買の手数料がかさんで高くなる傾向があります。また、ファンド・オブ・ファンズ（詳細は90ページ）は、投資先の投信の費用が別途上乗せされるので、交付運用報告書をみてもわからないことが多いもの。知りたい人は運用会社に問い合わせてみてもよいでしょう。

なお、「つみたてＮＩＳＡ」で購入している投信については、年に1回、実質コストが通知されるしくみになっています。

2-10 「運用報告書」にその他の費用の内訳が記載

●1万口当たりの費用明細

項目	第２期（2016年10月13日〜2017年10月12日）	
	金額	比率
（a）信託報酬	26円	0.243％
（投信会社）※	（12）	（0.108）
（販売会社）※	（12）	（0.108）
（受託銀行）※	（ 3）	（0.027）
（b）売買委託手数料	0	0.004
（株式）	（ 0）	（0.002）
（先物・オプション）	（ 0）	（0.002）
（投資信託受益証券）	（ 0）	（0.000）
（投資証券）	（ 0）	（0.000）
（c）有価証券取引税	0	0.004
（株式）	（ 0）	（0.004）
（投資信託受益証券）	（ 0）	（0.000）
（投資証券）	（ 0）	（0.000）
（d）その他費用	3	0.031
（監査費用）	（ 0）	（0.004）
（その他）	（ 3）	（0.027）
合計	30円	0.281％

ココが重要!

投信の保有コストは、運用管理費用（信託報酬）以外にも、売買委託手数料や保管費用などがかかる。保有コストを考える場合には、これらを含めたコストを確認したほうがよい。

(a)の運用管理費用(信託報酬)以外に、(b)、(c)、(d)のようなコストもかかるんだ
運用報告書で、確認してくださいね

※「投信会社」とは投信を運用する、運用会社のこと。「販売会社」とは投信を販売する銀行や証券会社。「受託銀行」とは、投信の財産の分別管理を行う信託銀行を指す

購入時手数料はできるだけ安いところで買え！

投信を購入するときにかかるのが購入時手数料です。

「つみたてＮＩＳＡ」の対象商品は、54ページで触れたように購入時手数料ゼロのものに限定されているため、どの金融機関で購入しても手数料はかかりません。ＤＣ（確定拠出年金）専用投信も購入時手数料がかからないものがほとんどです。

それ以外の投信については、同じ投信を購入しても金融機関によって手数料が違うことがあります。たとえば、Ａ社で買うと、購入時手数料がゼロだけれど、Ｂ社で買うと購入代金に対して１・０８％かかる、あるいはC社で買うと３・２４％かかるということもあるわけです。

かりに１００万円で投信を購入する場合、購入時手数料がかからないA社では、１００万円はまるまる投信の購入費用に充てることができます。ところが、購入時手数料が１・０８％かかると、99万円弱しか投信の購入に充てられません。さらに、購入時手数料が３・２４％かかると投信の購入に充てられるのは97万円弱になってしまいます。同じ商品に投資しても、最初からこれだけの差がついてしまうのです（図２-11）。

一般に、銀行や証券会社の窓口で購入するよりも、ネット証券やネット銀行などで購入したほうが安い場合が多いです。また、同じ銀行・証券でもインターネット取引だと窓口

2-11 同じ100万円を購入しても購入時手数料によってスタートに差が！

販売会社	購入時手数料		購入時に差し引かれる金額		投信の購入に充てられる金額
A証券	0%		0円		100万円
B銀行	1.08%	➡	1万684円	➡	98万9316円
C証券	3.24%		3万1383円		96万8617円

同じ商品を買ったのにスタート時点でこんなに差がつく！

100万円まるまる投資できるぞ！

3万円も取られるなんて知らなかった…

ほかに生保や信金などでも売られている

1000万円分購入したら約30万か…。

※内枠方式で計算した場合。計算方法によって若干数値が異なることもある

では扱っていない、コストの低い商品が買えるケースもあります。なかには、投資する金額が一定額以上になると購入時手数料を引き下げる・無料にするという金融機関もあります。

交付目論見書（92ページ）には購入時手数料が記載されていますが、それは上限の数字なので、それより安い手数料で販売されていることもあります。最初から「購入時手数料はありません」と記載されている場合には、どこで購入しても手数料はかかりません。

「この商品はどこで売っているのか」を知りたいときには、運用会社のサイト、投資信託協会のサイト「投信総合検索ライブラリー」、投信評価サイト「モーニングスター」などで確認をしてください。

↓信託財産留保額は、解約するときにかかる迷惑料

投信を解約するときに「信託財産留保額《しんたくざいさんりゅうほがく》」がかかる投信もあります。高いものでも0・5%程度です（消費税はかかりません）。

「信託財産留保額」は解約するときに支払うペナルティーのようなもので、信託財産に戻されて基準価額にも反映されます。投信を解約する人がいると、株や債券の一部を売って現金化してお金を渡す必要があります。その際にかかる手数料を投信保有者が負担するのは不公平ですよね。そこで、解約する人が投信を保有する人たちに対して、〝迷惑料〟として信託財産留保額を支払うというわけです。逆にいえば、信託財産留保額がない投信は、解約する人の費用を負担するのは、投信の保有者ということになります。

信託財産留保額もコストのひとつなので、ないほうがよいと考える方もいますが、

・信託財産留保額は販売会社や運用会社に支払う手数料ではないこと
・解約する人の費用を、全面的に投信の保有者が負担するのは不公平なので、解約する人にもきちんと負担してもらいましょう、という意味合いがあること

は覚えておきましょう。ひと口にコストといっても、誰に（どこに）、どういう目的で支払っているのかは押さえておきたいところです。最近は解約時に「信託財産留保額」をとらない投信もふえていますが、長期保有者にとってよいことなのかは疑問です。

リスクとリターンはセットでついてくる！

第２章では「価格が変動する要因」としてのリスクについて触れましたが、投資するとき使われるリスクにはもうひとつの意味があります。それは「その商品はどのくらい価格が変動するか」を示す「リスク（標準偏差）」です。

この数値が大きい（高い）ほど、価格が変動するときの幅が大きくなります。値動きが大きいわけですから、大きく値下がりすることもあれば、大きく値上がりすることもある投信は「リスクが大きい」ということになります。逆に、大きく下がらないけれど、大きく上がることもない投信はリスクが小さい、つまり値動きの幅が小さいということになります（下図）。

リスクの比較

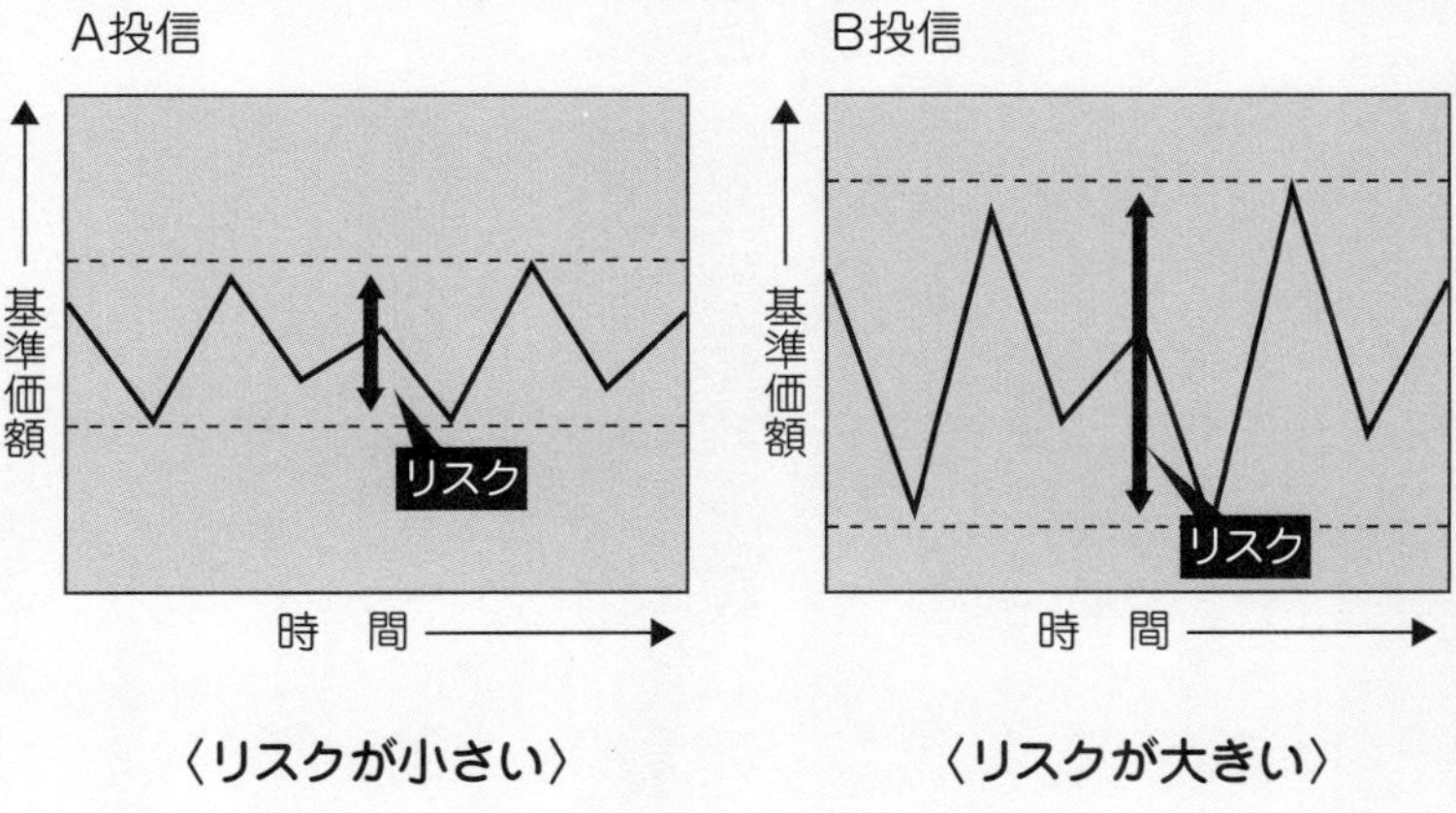

〈リスクが小さい〉　〈リスクが大きい〉

国家公務員の年金を運用する、国家公務員共済組合連合会（KKR）が出している、各資産の期待リターンとリスクの数値をもとに軽いイメージトレーニングをしてみましょう。投資したときの損益は95％の確率で「リターン±リスク×２倍」の範囲におさまるといわれています。ざっくり計算すると、下のグラフのようになります。

たとえば、外国株式（＊）の期待リターンは5.9％、リスク

リスクをグラフ化するとイメージしやすい

	期待リターン	リスク
国内債券	1.48%	3.2%
国内株式	5.9%	18%
外国債券	1.48%	10%
外国株式	5.9%	20%

95％の確率でこのくらいの幅におさまる！

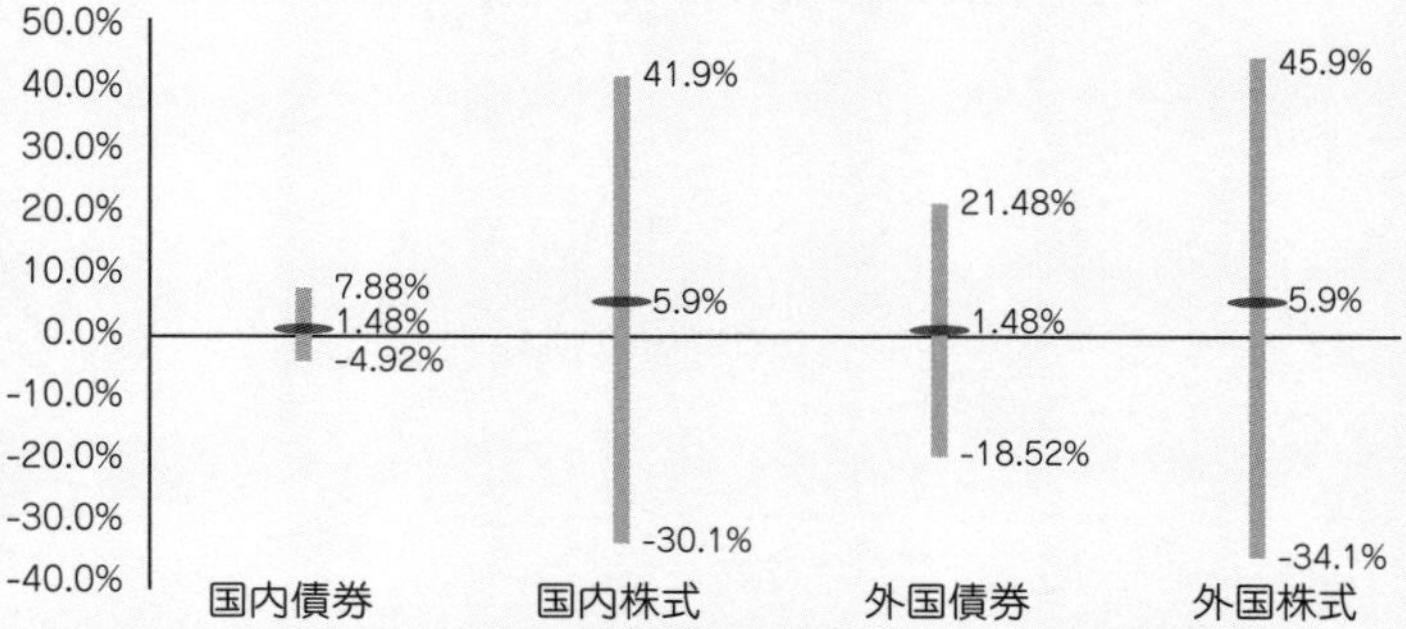

出所：「平成29年度業務概況書　厚生年金保険給付積立金」(国家公務員共済組合連合会)。
期待リターン・リスクは「経済前提ケースＥ」の数値を使用

は20%となっています。ちょっとむずかしいのですが、外国株式に投資をすると長い目でみると5.9%程度の収益が期待できるけれど、短期的には5.9%をはさんで上にも下にも20%の2倍（40%）変動する可能性があるということです。つまり、－34.1%から＋45.9%の幅で変動するという意味で、要するに、短期的にはすごく値上がりすることもあるし、すごく値下がりすることもあるということです。

このようにリターンには必ずリスクもセットでついてきます。リスクとリターンは表裏一体なのです。

逆に、国内債券は期待される収益はそれほど高くありませんが、リスクも小さいので、収益のブレ幅も小さくなります。要するに、大きくは儲けられない代わりに、大きく損をする可能性も低いということです。

＊MSCIコクサイ・インデックスという22カ国の先進国の株式市場をカバーする指数を使用（指数についての詳細は74ページ）。

個別の投信のリスク（標準偏差）については、投信を評価する会社のサイトに数値が記載されています。

たとえば、日本株式に投資する投信をみたときに、Aという投信のリスク（標準偏差）が「25%」、B投信のリスクが「10%」だったとします。東京証券取引所第一部に上場する会社全体の値動きを示すTOPIX（東証株価指数）のリスクが18%ですから、A投信はかなり値動きが大きいのだな、ということがわかります。それに対してB投信は価格変動が小さい商品ということになります。

また、投信によっては、交付運用報告書や月次レポート（詳細は96ページ）に、リターンとリスクの関係をグラフ化して視覚的にわかりやすく記載している商品もあります。

下図は横軸がリスク、縦軸がリターンを示しています。一般になるべくリスク（価格の変動）を抑えつつ、リターンをあげている投信のほうがよいとされています。下図でいうと、斜めの線よりも上に位置する投信がそれにあたります。逆に、斜め線よりも下にある投信はリスクに見合ったリターンをあげていないということになります。

このように、投信を選ぶときにはリターンだけに注目するのではなく、リスクを併せてみる必要があります。

投信のリスクとリターンを可視化する

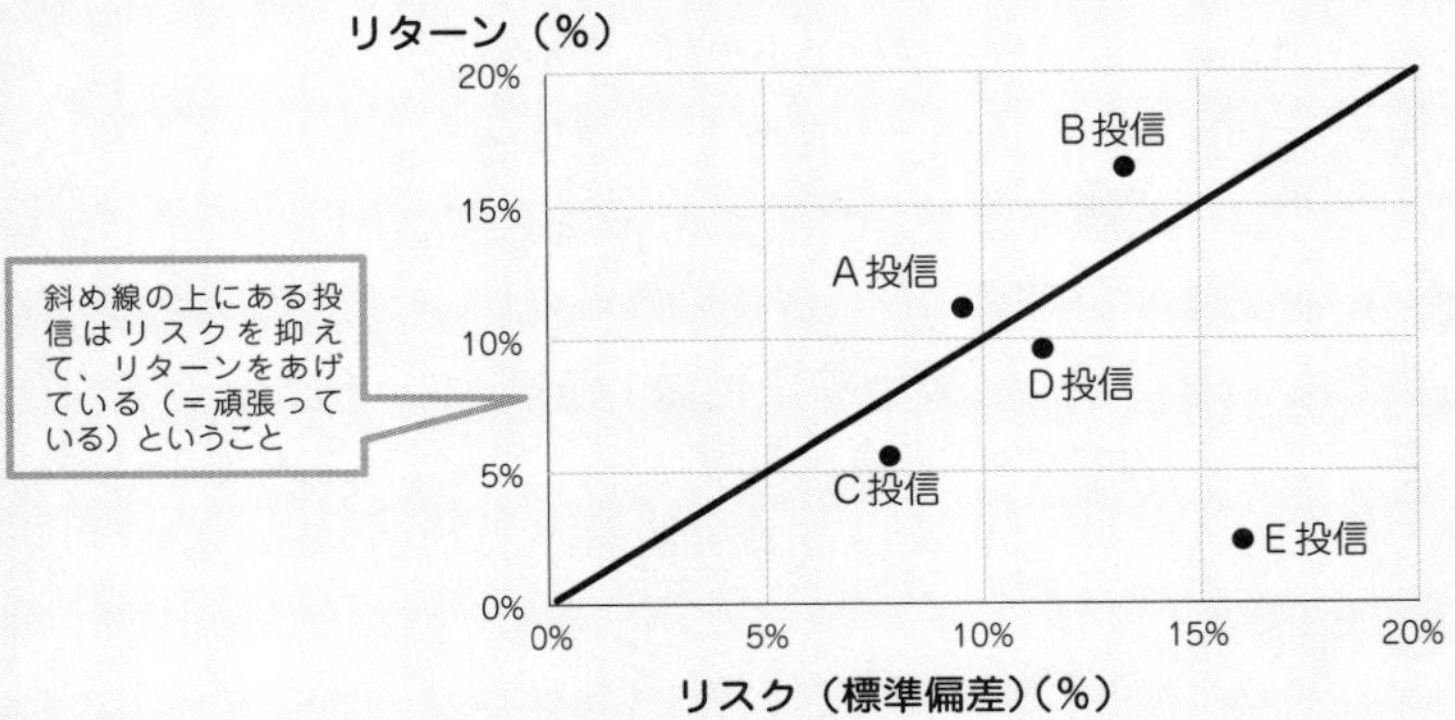

第3章

投資信託はどのように運用されている?

運用スタイルは「パッシブ」と「アクティブ」の2つがある！

運用スタイルというのはざっくり言えば、投資の姿勢です。大きく分けると、パッシブ（受動的＝受け身）とアクティブ（能動的＝自ら判断して動く）の２つに分けられます。図３-１にパッシブ運用とアクティブ運用の違いをまとめました。

まず、パッシブ運用というのは、あるまとまった市場全体の動きを反映するように運用する手法のことです。たとえば、日本株なら、ＴＯＰＩＸ《トピックス》（東証株価指数＝詳細は78ページ）といった株価指数と同じように動くことをめざす「インデックスファンド」がパッシブ運用を取り入れた代表的な商品となります。いわば、特定の指数と同じような運用成績を実現することをめざした運用手法といえるでしょう。

インデックスファンドという詰め合わせにはたくさんの会社の株や債券が入っています。たとえば、日本のＴＯＰＩＸに連動するインデックスファンドなら、東京証券取引所第一部に上場している、２０００社以上の会社の株がびっしり入った詰め合わせになります。たくさんの会社が入っている分、１つひとつの会社の割合は小さくなります。同じ指数に連動するように設計された商品なら、入っている会社もだいたい同じです。

一方、アクティブ運用は指数（や指数に採用されている銘柄）にとらわれない・こだわらない独自の運用を行います。商品ごとに一定の「基準」を設けて、入れたい会社だけを

3-1 主な２つの運用スタイルの特徴

	パッシブ運用	アクティブ運用
入っている銘柄	目標とする指数とほぼ同じ銘柄が入っている	運用会社が一定の投資哲学・プロセスにもとづいて「ピックアップ」する
運用の狙い	目標とする指数と同じように動くことをめざす	指数にとらわれない・こだわらない運用を目指す
手数料	低い	高め
	代表的なのはインデックスファンド	主にアクティブファンドの運用手法

抜き出して投信という器に入れます。そのため、同じ日本株に投資をする投信でも、30～50社程度に絞って投資する商品もあれば、たくさんの会社に投資する商品もありますし、規模の大きい会社を対象にしている商品もあれば、規模の小さい会社に投資をする商品もあります。また、積極的に値上がりを狙う商品もあれば、値動きを抑えた安定的な運用を目指すものもあります。つまり、アクティブファンドは、同じ地域・対象に投資をする詰め合わせであっても、商品によって特徴が大きく異なるということです。

アクティブファンドは投資する会社を選ぶのにそれだけ手間がかかるため、一般にインデックスファンドよりも手数料が高い設定であることが多いです。

「ベンチマーク」の意味はインデックスとアクティブで違う

投信ではよく「ベンチマーク」という言葉がでてきます。**ベンチマークというのは、投信が運用の目標とする指数のこと**をいいます。指数というのは、あるまとまった市場の全体の動きを反映するようにつくられた「モノサシ」のようなものです。たとえば、日本株に投資する投信であれば、ＴＯＰＩＸ（東証株価指数）がベンチマークとしてよく使われます。インデックスファンドの場合は「ベンチマークにぴったり寄り添う」動きをめざしています。専門的には**「ベンチマークとかい離していないか」が評価のポイント**になります（図３-２）。

これに対して、**アクティブファンドは「ベンチマークにとらわれない」独自の運用を行います。**そもそも、アクティブファンドは同じ地域・対象に投資していても運用方針やスタイルは商品ごとに異なります。ベンチマークを上回る成績を目指すものもあれば、ベンチマークを持たずに長期的な収益をめざすものもあります。また、インデックスファンドに比べて値動きが大きいイメージがありますが、値動きを抑えた安定的な運用をめざす商品もあります。

インデックスファンドが「平均をとる」「負けない」運用なのに対し、アクティブファンドはベンチマークに「勝ちにいく」ものから「意識しない」ものまでさまざまなのです。

3-2 インデックスファンドとアクティブファンドのベンチマークに対する考え方の違い

インデックスファンド

ベンチマークにぴったり寄り添う

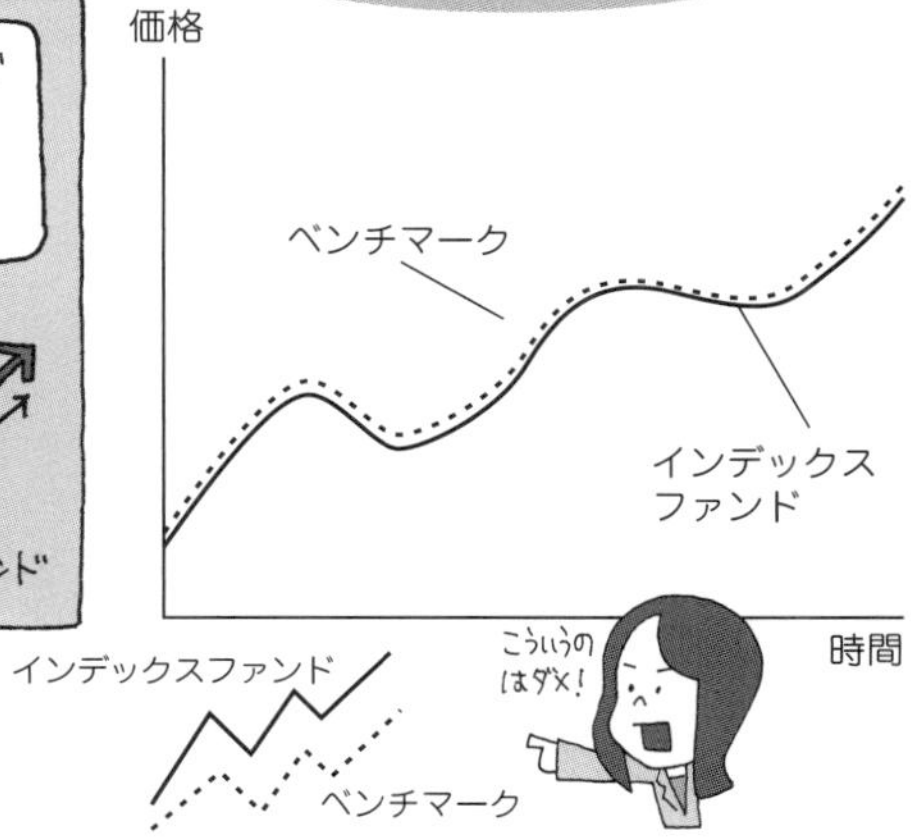

アクティブファンド

ベンチマークに勝ちにいく、意識しないなどいろいろ

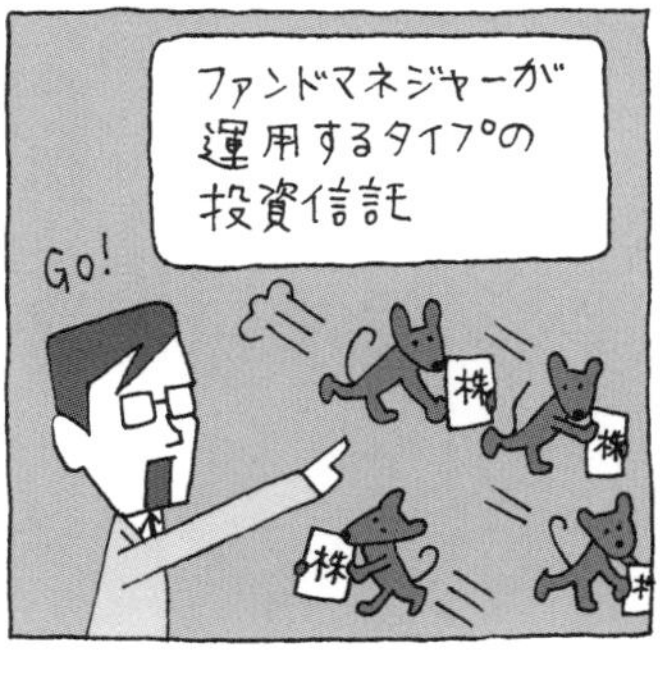

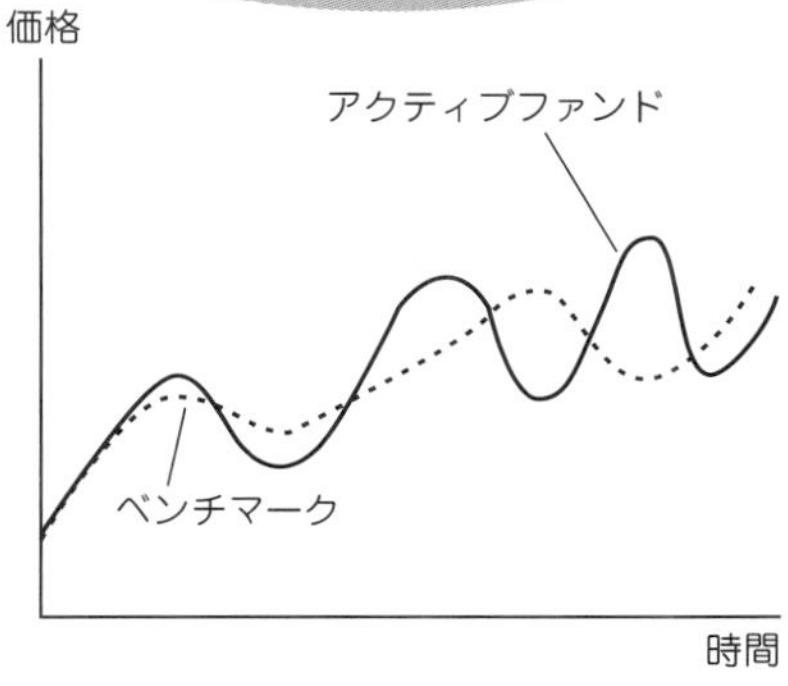

インデックスファンドは安い手数料で分散・わかりやすい

インデックスファンドの魅力は**「分散効果が高い」「市場全体に投資できる」**ことです。インデックスファンドが運用目標とする指数は、多くの場合、たくさんの会社などで構成されています。そのためインデックスファンドを保有することで、手軽に分散投資を実行することができます。図3-3に代表的な株価指数を挙げました（指数の詳しい説明は、次の76ページにあります）。

そのうちのひとつ、たとえば、ＭＳＣＩ《エムエスシーアイ》コクサイ・インデックスに連動するタイプのインデックスファンドを保有すると、日本を除く先進国、具体的には米国や英国、フランス、オーストラリアなど22カ国の１３００社以上の会社に投資を行うのと同じ効果があります。いまでは1つの商品を持つだけで、日本を含めた47カ国の株式にまとめて投資できるものもあり、手軽に国際分散投資ができるようになっています。

また**アクティブファンドに比べて手数料が安いことも魅力**です。インデックスファンドはアクティブファンドのように個別の会社を調査したり、マーケットを分析したりする手間がかからないため、コストを安く抑えることができるからです。保有する株式などを売り買いする頻度も少ないため、売買委託手数料など運用管理費用以外にかかる手数料も低く抑えられます。

3-3 インデックスファンドに使われている代表的な株価指数

カバーする地域	指数	指数を算出・運営する会社
全世界	・FTSEグローバル・オールキャップ・インデックス	FTSE
	・MSCIオール・カントリー・ワールド・インデックス	MSCI Inc.
日本除く世界株（先進国株＋新興国株）	・MSCIオール・カントリー・ワールド・インデックス（除く日本）	MSCI Inc.
先進国株	・MSCIコクサイ・インデックス	MSCI Inc.
新興国株	・MSCIエマージング・マーケット・インデックス	MSCI Inc.
米国株	・S&P500指数 ・ダウ平均	S&Pダウ・ジョーンズ・インデックス
日本株	・TOPIX（東証株価指数）	東京証券取引所

そして、**値動きがわかりやすい**のも良い点です。インデックスファンドは、ざっくり言えば、指数に入っている会社を、指数の構成比率と同じ比率で保有することで、指数と連動して動くように設計されています（正確には、同じ銘柄を同じ比率で持つ以外にもさまざまな方法があります）。

たとえば、TOPIX（東証株価指数）に連動するインデックスファンドの場合、TOPIXが5％上がると投信の値段も5％程度上がります。

逆に、TOPIXが5％下がると、投信の値段も5％程度下がります。このように特定の指数と連動しているので、値動きを把握しやすいのが特徴です。

代表的な指数を知っておこう

指数というのは、あるまとまった市場の全体の動きを反映するようにつくられた「モノサシ」のようなものです。基準になる時点の値段をたとえば100として、その時点と比べてどの程度上がったり下がったりしたかを数字で表したものです。ここでは代表的な株価指数を押さえておきましょう。

●MSCI《エムエスシーアイ》コクサイ・インデックス

MSCI社が算出・公表している先進国の株式市場の動向を表す「時価総額加重平均型」の株価指数です。時価総額というのは、株価とその会社が発行する株数をかけたものを言います。つまり、いまの株価の価値で発行されている株をすべて買ったらいくらになるかという、その時点での企業の価値・大きさを示しています。時価総額加重平均型というのは、時価総額の大きい会社ほどウエイト（重み）をつけて、つまり比率が高めになるようにして指数化したものです。

2018年6月末時点で、日本を除く先進国22カ国、約1330社で構成されています（図3-4の上）。そのため、この指数に連動するインデックスファンドを保有するだけで、アメリカやイギリス、カナダ、オーストラリア、イタリアといった先進国の主要な会社に

3-4 「MSCIコクサイ」に含まれる国は22カ国 「MSCIエマージング」に含まれる国は24カ国

●MSCIコクサイ・インデックス＝先進国株のパッケージ

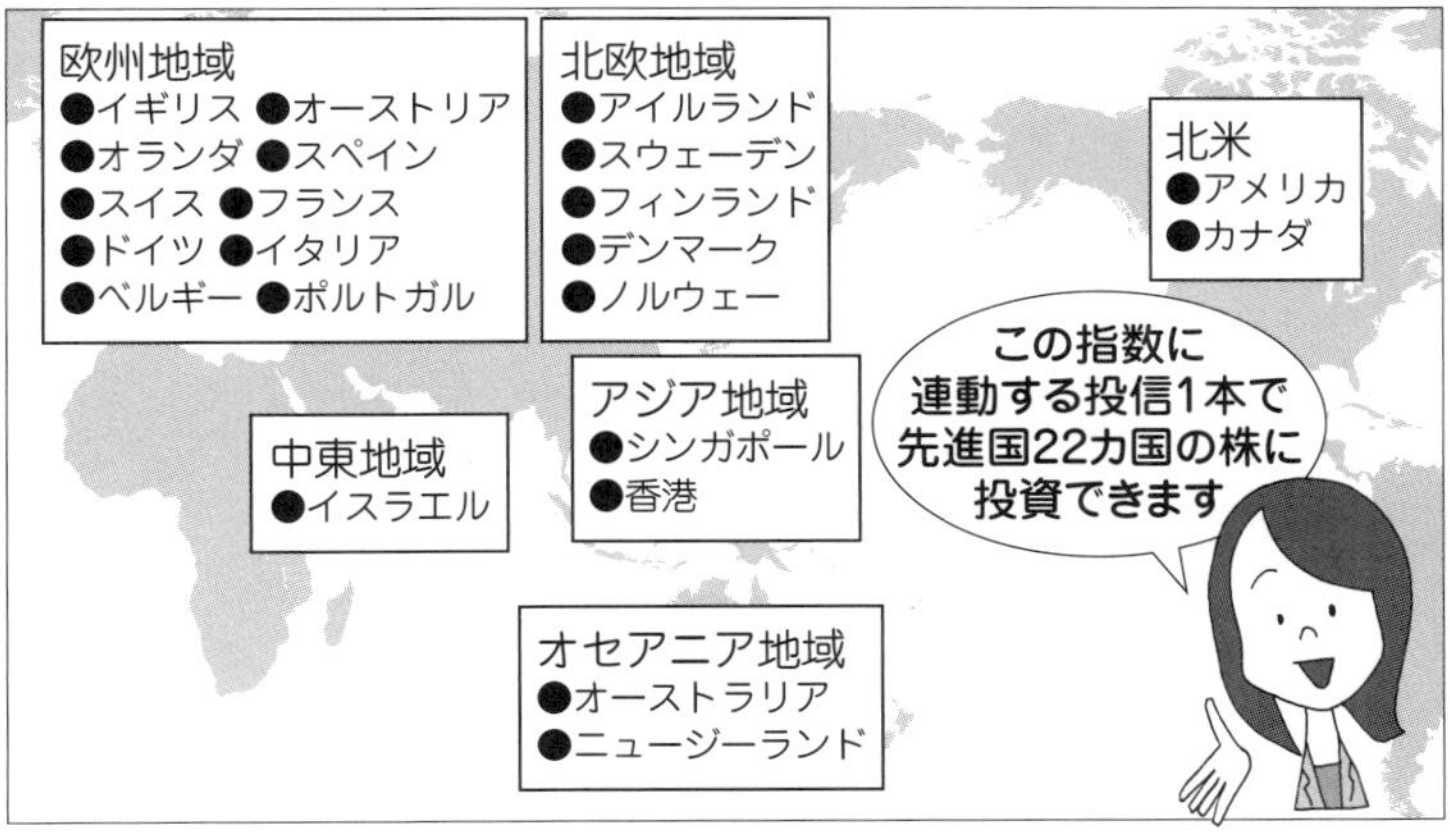

●MSCIエマージング・マーケット・インデックス＝新興国株のパッケージ

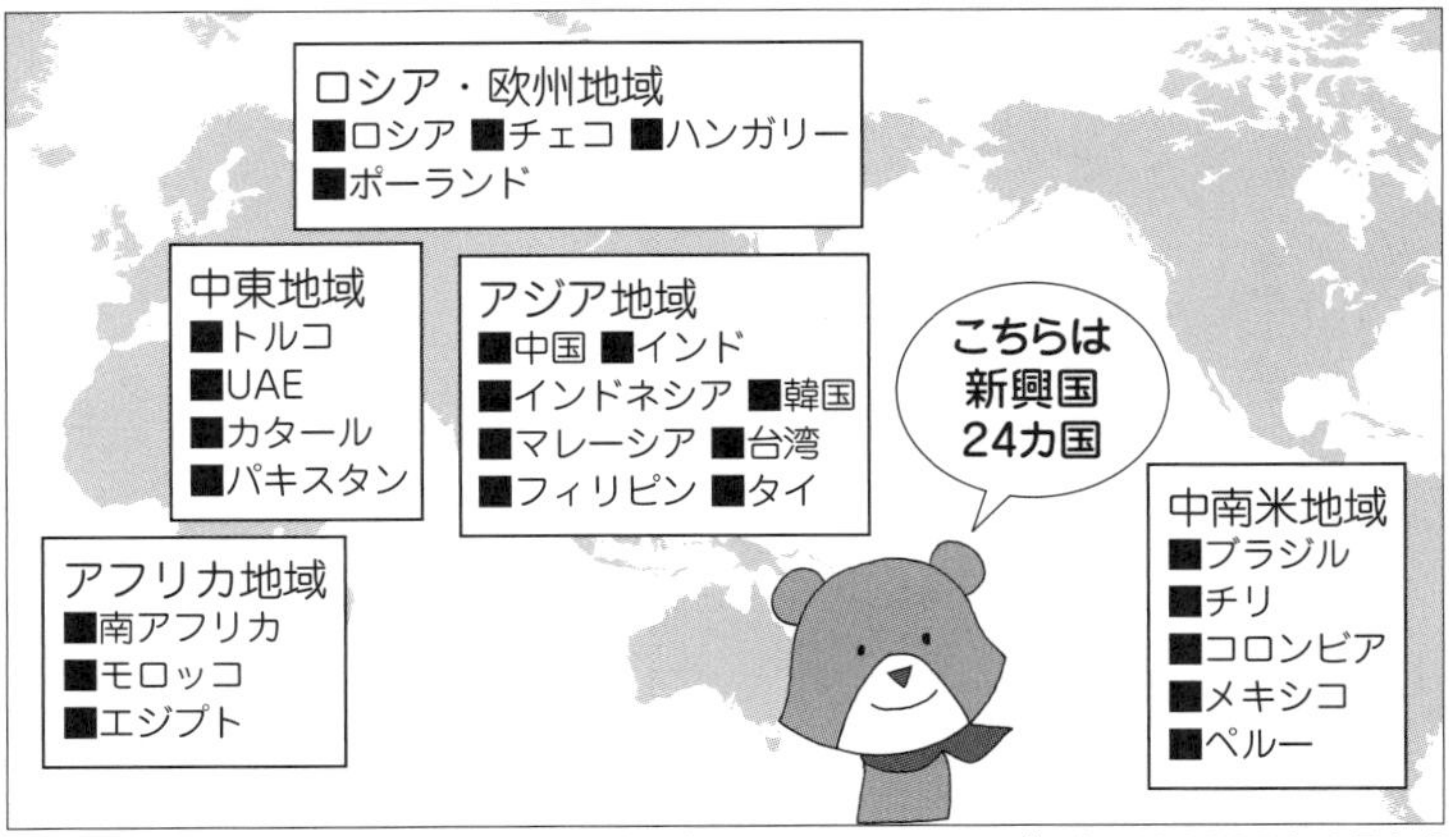

※2018年6月末時点。MSCIエマージング・マーケット・インデックスは2019年6月からサウジアラビア、アルゼンチンが加わり、26カ国となる

幅広く投資できます。米国のアップルやアマゾン、ジョンソン＆ジョンソン、スイスのネスレといった世界の有名企業のプチ株主になれるのです。

●MSCI《エムエスシーアイ》エマージング・マーケット・インデックス

ＭＳＣＩ社が算出・公表している新興国株市場の動向を表す「時価総額加重平均型」の株価指数です。２０１８年６月末現在、24の新興国、８４５社の株で構成されています（＊）。ブラジルやインド、中国などよく聞く新興国だけでなく、フィリピンやインドネシアなどのアジア地域、モロッコや南アフリカなどのアフリカ地域、そして中東なども含まれます。

＊２０１９年６月からサウジアラビアとアルゼンチンの株が加わり、26カ国となります。

●MSCI《エムエスシーアイ》オール・カントリー・ワールド・インデックス（MSCI《エムエスシーアイ》 ACWI《アクイ》）

ＭＳＣＩ ＡＣＷＩには、日本を含まない「ＭＳＣＩ ＡＣＷＩ（除く日本）」と、日本を含む「ＭＳＣＩ ＡＣＷＩ」という2つがあります。ともに時価総額加重平均型の指数です。

ＭＳＣＩ ＡＣＷＩ（除く日本）は、２０１８年６月末現在、日本を除いた先進国22カ国と新興国24カ国の合計46カ国の会社で構成される指数。組み入れられている会社は大型株と中型株が中心になります。前述のＭＳＣＩコクサイ・インデックスとＭＳＣＩエマー

3-5 M S C I《エムエスシーアイ》 ACWI《アクイ》＝日本を含む47カ国の株に投資できる

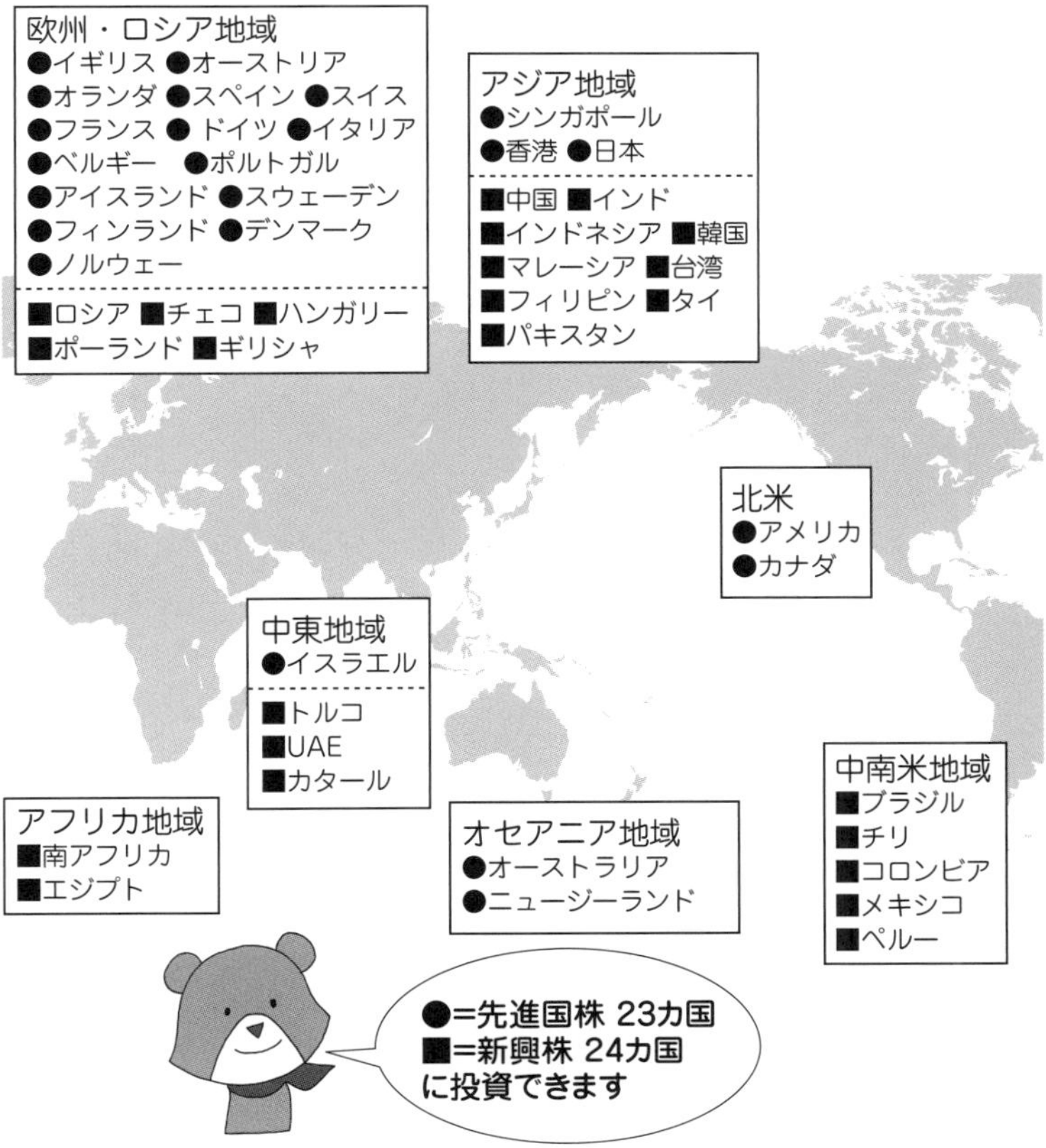

※2018年6月末現在。2019年6月からサウジアラビア、アルゼンチンが加わり、全部で49カ国になる

ジング・マーケット・インデックスを合わせたものがMSCI ACWI（除く日本）になります。

一方、日本を含む「MSCI ACWI」は、日本を含めた先進国23カ国と新興国24カ国の合計47カ国、大型株と中型株2489社で構成されています。

●FTSE《フッツィー》グローバル・オールキャップ・インデックス

FTSE社が開発した指数で、全世界の株式市場の動向を表す時価総額加重平均型の株価指数。日本を含む先進国・新興国市場の合計47カ国、約8000社で構成されています。全世界の大型株、中型株に加えて、比較的規模の小さい小型株までカバーしているのが特徴。この指数に連動するインデックスファンドを持つと、私たちが投資可能な、全世界で上場する会社の時価総額を足し合わせたときにその98％以上をカバーできます。

●TOPIX《トピックス》（東証株価指数）

最後に、日本の株価指数もご紹介しておきます。TOPIX（東証株価指数）は東京証券取引所が算出・公表する、東京証券取引所第一部に上場するすべての企業を対象とした株価指数です（浮動株時価総額加重型の株価指数）。1968年1月4日の時価総額を100として、その後の時価総額を指数化したものになります。

なお、ご紹介した指数に含まれる国や地域、企業などはずっと同じわけではなく、一定のルールに従って、入れ替わります。というのも、指数の算出・提供を行う会社が一定の条件に応じて組み入れる国や会社などを定期的にチェックし、必要に応じて入れ替えを行っているからです。

たとえば、かつてＭＳＣＩ社の先進国株の指数に入っていたギリシャは新興国株の指数に下げられています。逆に、カタールのように、市場規模が新興国より小さく、流動性が低い、フロンティア市場から新興国株の指数にランクアップした国もあります。

このように、指数算出会社が定期的にチェックすることで、私たちは特定の国の経済情勢や会社の業績などを細かくチェックしなくても、世界の会社の株をまるごと持つことができるしくみになっています。

これらの指数に連動するインデックスファンドについては第４章でご紹介します。

【アクティブ運用】株式投信の運用スタイルは？

アクティブファンドは運用担当者が何らかの「基準」で、入れたい会社だけを抜き出して投信という器（お弁当箱）に入れたものです。この基準もいろいろあり、交付目論見書（取扱説明書《トリセツ》）に書いてあります。ここではもう少し詳しくどういう「基準」で会社をお弁当箱に入れていくのかをみていきましょう。これを運用スタイルや運用手法といいます。

まず、**成長か、割安かに注目して会社を決める**方法があります。

●グロース（成長）

企業の成長性や収益性に注目して、将来的に成長しそうな企業を選んで投資する手法のことをいいます。成長性が高いとみなされているため、市場平均にくらべてＰＥＲ（株価収益率※１）やＰＢＲ（株価純資産倍率※２）といった指標（説明は82ページ）が高くなる傾向があります。

●バリュー（割安）

株式の割安度を重視する手法です。企業の利益や資産といった基本的な価値に対して、株価が割安だと思われる会社を選んで、箱に入れます。市場平均にくらべてＰＥＲやＰＢ

Rといった指標は低くなる傾向があります。

そのほか、成長や割安にこだわらずに会社を選ぶ**ブレンド**というタイプもあります。

また、会社の規模で器に入れる会社を選ぶこともあります。株式は時価総額と流動性（売り買いのしやすさ）を基準として、大型、中型、小型に分類されます。ここでは日本株の場合を例に説明します。

●**大型株**

東京証券取引所第一部に上場している企業の中で時価総額と流動性（取引のしやすさ）が高い上位100社を指しています。たとえば、東日本旅客鉄道や日産自動車のようなよく知られた大企業がたくさん含まれます。東京証券取引所の定義では相対的に**規模の大きい（時価総額と流動性が高い）株式**のことをいいます。

●**中小型株**

「中型株」は大型株につぐ上位400社、そして、「小型株」は大型・中型株に含まれない、規模の小さい会社のことを指します。事業規模が小さく業績のブレが大きい、市場で取引される株式数が少ないなどの理由から、株価の変動がより大きくなる傾向にあります。その一方で、長い目でみたときに、大型株に比べて大きく成長する可能性もあります。

●一般

「一般」は大型株や中小型株というカテゴリーに当てはまらないものをいいます。大型株から中小型株まで幅広く組み入れたり、相場に応じて組み入れる会社を柔軟に変えたりするケースがあります。

こうしたカテゴリー分けは最初むずかしく感じるかもしれませんが、慣れてしまえば、大丈夫。投信の名前にも「グロース」「バリュー」といった言葉が入っていることもあります。用語を覚えると、名前をみればだいたいどういう投信なのかイメージがわきます。

※1　PER（ぴーいーあーる）

株価収益率《かぶかしゅうえきりつ》ともいいます。株価と企業の「収益力」（利益）をみて、今の株価がお買い得なのか、高すぎるのかを判断する指標。一般的に数値が高ければ高いほど「割高」。株価によって変化する指標で、利益が少ないのに、「この会社は有望かも」と、先行期待で買われて株価が上がっている銘柄だと、PER100倍を超えるものも。

※2　PBR（ぴーびーあーる）

株価純資産倍率《かぶかじゅんしさんばいりつ》ともいいます。こちらはPERのような「収益力」をモノサシにするのではなく、その会社が持っている「純資産」をみて、今の株価がお買い得かどうかを判断する指標です。純資産というのは、会社が持っている資金や稼いだ利益の総額のことで、こちらも数値が高ければ「割高」、低ければ「割安」です。

3-5 アクティブ運用の株式投信の銘柄選びの基準

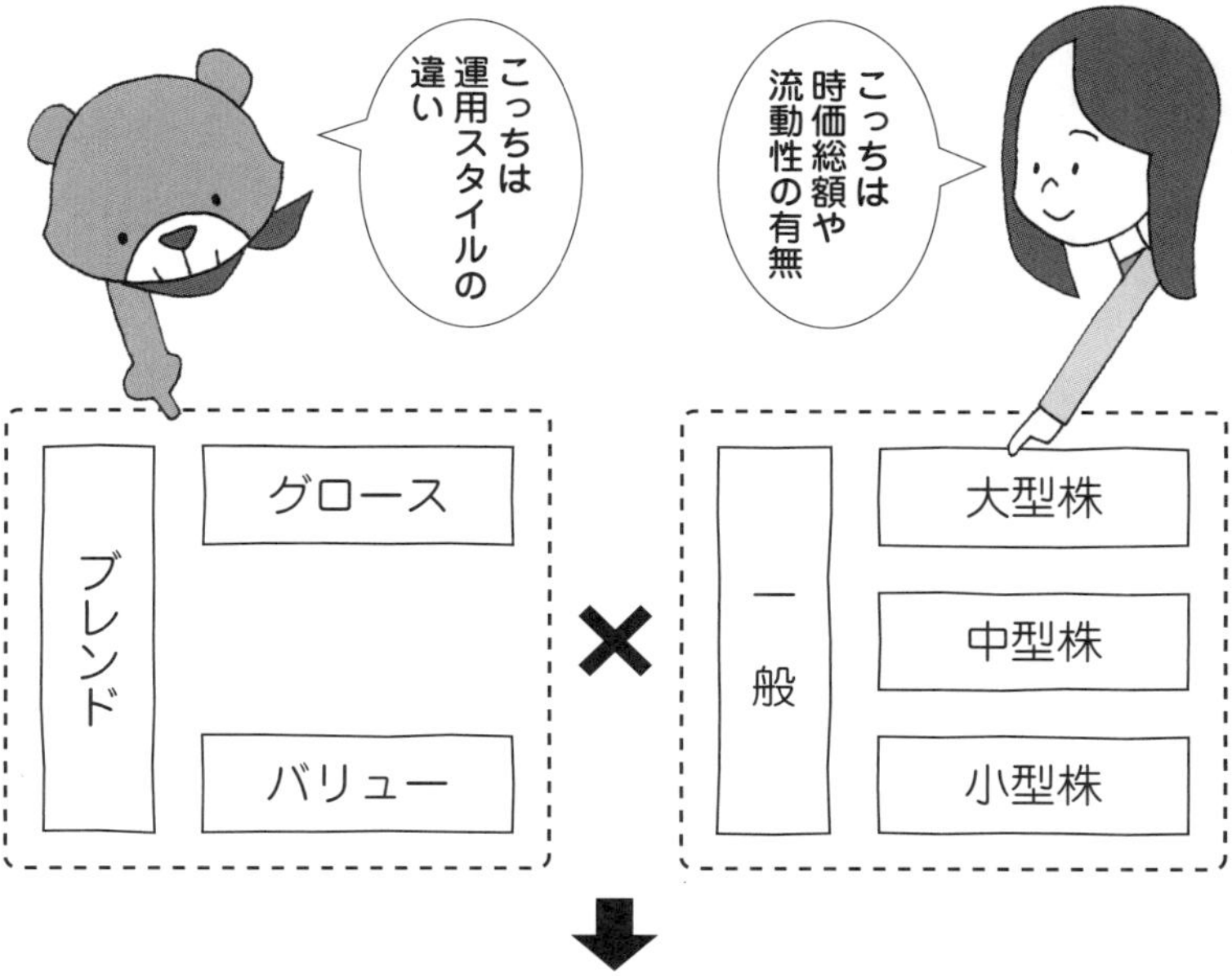

それぞれの投信の方針によって組み合わせもいろいろ

上記以外の基準で会社をピックアップしている投信もある

「トップダウン」と「ボトムアップ」アプローチの違い

アクティブファンドの銘柄を選んでいくプロセスや方法には、**「トップダウン・アプローチ」と「ボトムアップ・アプローチ」の2つ**があります。要は、お弁当に入れる、おかずをどう選んで、どのようにお弁当箱に詰めていくかということです。

トップダウン・アプローチというのは、まず経済情勢や金利の状況などのマクロ経済の分析を行い、投資する地域・国や通貨、業種などの比率を先に決め、その比率に沿って、会社を選んでいくスタイルのことをいいます。

世界の株式に投資をする投信を考えてみます。運用会社は、まず世界各国の経済動向の分析、成長予測、株式市場の分析などを行います。そして、分析結果から「どの地域・国」にどれくらいの比率で投資をすべきかを判断します。そして、米国○%、ドイツ○%という具合に国別の比率を決めます。そして、それぞれの比率に応じて、組み入れる会社を選びます。たとえて言うと、お弁当をつめるときに先に全体像を決めて「仕切り」をつくり、その枠に合わせてはみ出さないように、おかずを詰めていくというかたちになります。

いっぽう、**ボトムアップ・アプローチ**は、アナリストやファンドマネジャーが投資候補の会社の業績などを調査・分析して、魅力のある銘柄を発掘し、その積み上げによって投信の中身を決めていく方法です。個々の企業の業績をみたり、会社訪問してトップにイン

3-6 銘柄を選ぶ、主な２つの方法

タビューしたり、研究所や工場などを見学したりして、投資する会社を決定します。マクロ経済や業界動向より個別企業の中身（ビジネスモデルや経営者など）を重視します。

この場合、お弁当箱だったら、特に「仕切り」をせずに、魅力的な会社を自由に詰めていくというかたちになります。ただし、何でも詰めてよいわけではなく「中小型株で割安な会社」というように商品ごとに企業を選ぶための基準は決められています。

また、ボトムアップ・アプローチのなかにも仕切りをつくってからおかずを詰めていくというスタイルをとる商品もあります。おかずの選び方だけでなく、詰め方にも注目するとおもしろいですね。

債券は種類や格付けに注目

株と同じように、債券投信の場合も運用担当者が何らかの「基準」で箱に入れる債券をピックアップします。たとえば、債券の種類です。

●公債↓おもに日本やほかの国の政府が発行する国債（地方債、政府機関債、国際機関債を含む）をさします。

●社債↓主に企業が発行する社債のことです。

●一般↓公債、社債、その他債券属性にあてはまらないすべてのものをさします。

こうした種類だけでなく、「格付」に応じて分ける場合もあります。**格付というのは債券の信用力をはかるモノサシとして活用されている**もので、投資したお金（元本）が戻ってくる確実性、つまり信用力の度合いを格付会社が評価したもの。アルファベットなどで示されます。一般に格付が低くなるほど利回りが高くなる傾向がありますが、これは信用力の低い会社は高い金利を設定しないとお金を貸してもらえないからです。

たとえば、信用力が高い「投資適格債」にしぼって投資すると決められている場合には、左の表の投資適格にあたる信用力の高い債券を箱につめます。逆に、信用力は低いものの利回りは高い「ハイ・イールド債」「低格付債」を選んで投資を行う商品もあります。高い利回りが狙えるからですが、その分リスクも高くなります。

3-7 アクティブ運用の債券投信の銘柄選びの基準と格付

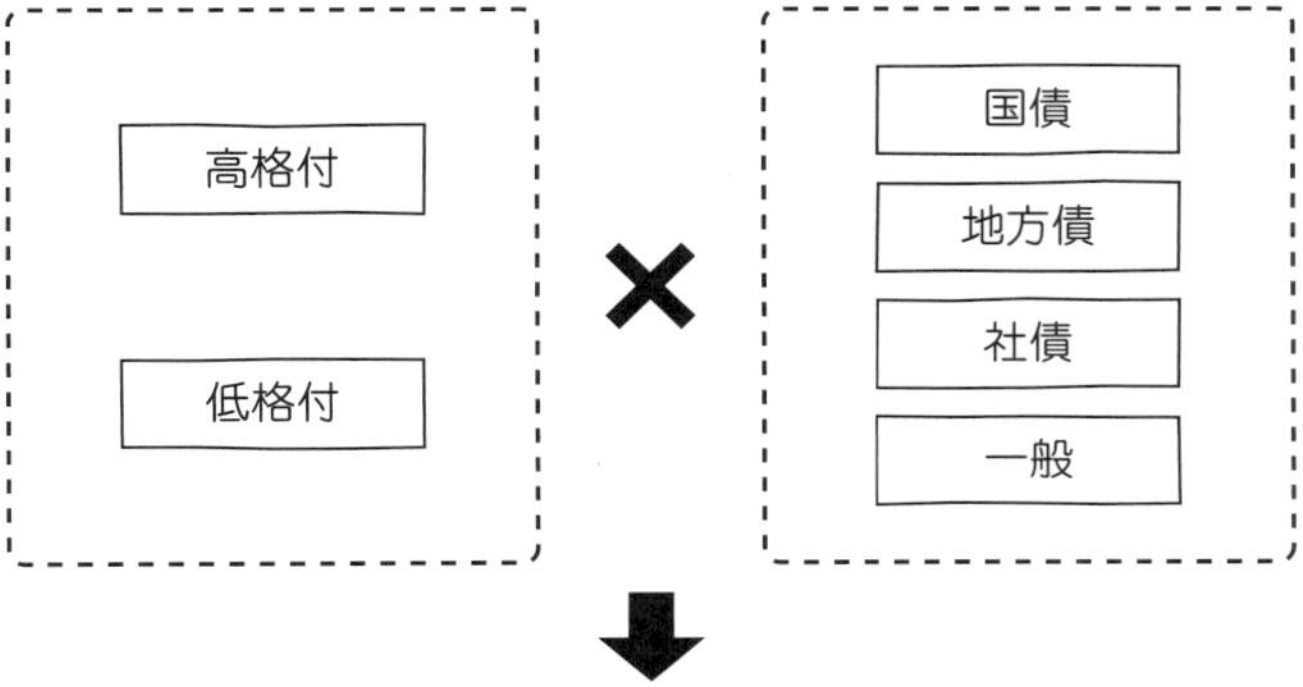
高格付
低格付
×
国債
地方債
社債
一般

この組み合わせで投資する債券が決まる

●格付の例

	スタンダード・アンド・プアーズ（S&P社）	ムーディーズ
投資適格	AAA	Aaa
	AA	Aa
	A	A
	BBB	Baa
投機的（ジャンク債）	BB	Ba
	B	B
	CCC	Caa
	CC	Ca
	C	C
	D	—

信用力：高い ↓ 低い
利回り：低い ↓ 高い

「AAA」「Aaa」
ともにトリプルエー
と読みます

有名なところでは
アルゼンチン債
（低格付けの国債）が
債務不履行になった
ことがあります

債券のリスクとリターンの関係を示したもの。これは国や自治体が発行するもの、企業が発行するものでも基本は同じ。利率の高い債券はそれだけ信用力が低い。つまり、破たんしてお金が返ってこなかったり、利息の支払いが滞ったりするリスクが高いということは理解したい

➡同じ系列の投資に投資、効率的に運用する「ファミリーファンド方式」

投信の中には、直接、株式や債券などには投資しないで、ほかの投信に投資するタイプのものも多くなっています。この**投信に投資する投信には大きく分けて2つのタイプ**があります。1つは「ファミリーファンド方式」、そしてもう1つが「ファンド・オブ・ファンズ」です。

まず**ファミリーファンド方式**から説明しましょう。ファミリーファンド方式をとる投信(↓用語解説)の場合、マザーファンドという投信に投資をします。ちなみにマザーファンドに投資する投信のことは「ベビーファンド」といいます。そして、マザーファンドが株式や債券などに投資するしくみになっています。実質的な運用はマザーファンドで行われていて、その運用成績がそのままベビーファンドに反映されます。

ファミリーファンド方式は、ベビーもマザーも同じ運用会社(やグループ会社)のなかでの取引になります。そのため、マザーファンドに投資するのに購入時手数料や運用管理費用が別途かかることはありません。

たとえば、図3-8のように、同じ運用会社が運用する、同じ日本株投信であれば、一般の人が購入できる投信や、確定拠出年金専用の投信などをそれぞれ別々に投資するよりも、まとめて運用したほうが資産規模が大きくなるため、効率的に運用できます。

3-8 ファミリーファンド方式とは家族でまとまって運用するファンド

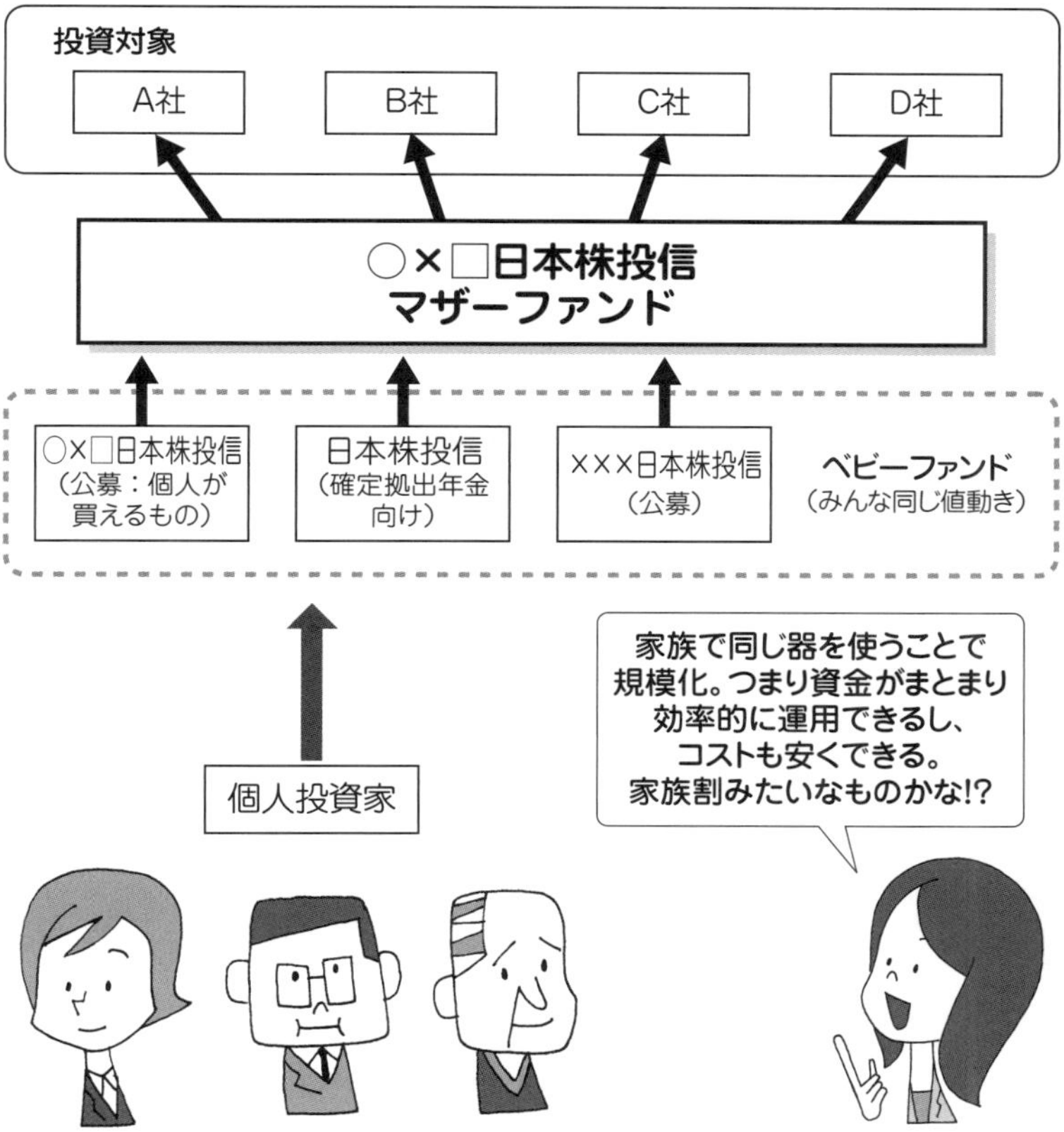

✎用語解説

ファミリーファンド方式の投信：インデックスファンドはこの方式のものが多い。そのほか、バランス型投信やＤＣで販売を行うアクティブ投信なども。

少額でも究極の分散ができる「ファンド・オブ・ファンズ」

ファンド・オブ・ファンズというのは複数の投信に投資する投信のことです（図3-9）。前述のファミリーファンド方式と似ていますが、その方式が合同運用による運用の効率化が目的であるのに対して、**ファンド・オブ・ファンズは複数の投信に投資することで、分散を図るといった意味合いが強くなります。**たとえば、日本と米国とアジアというように、さまざまな地域に投資する投信を組み合わせて国際分散投資をはかることもできますし、債券や不動産などさまざまな資産を組み合わせることも可能です。

また、同じ系列の運用会社（グループ）の投信に投資する必要もありません。たとえば、Aという運用会社が、BやCが運用する投信に投資することもできます。ですから、「新興国の株式投資に強い」「海外の債券投資に強い」といった特色のある運用会社の商品を組み入れることも可能です。

ただし、手数料には注意が必要です。私たちが直接投資する投信であるファンド・オブ・ファンズには運用管理費用がかかりますが、投資先の投信の運用管理費用も同時にかかってきます。つまり、実質的に投信の保有コストである運用管理費用を二重に支払うことになり、ふつうの投信に比べて**運用管理費用が割高な商品も多い**のです。必ず、交付《こうふ》目論見書《もくろみしょ》で、「実質的な負担（↓用語解説）」をチェックしましょう。

3-9 ファンド・オブ・ファンズは少額でも ものすごい分散ができる！

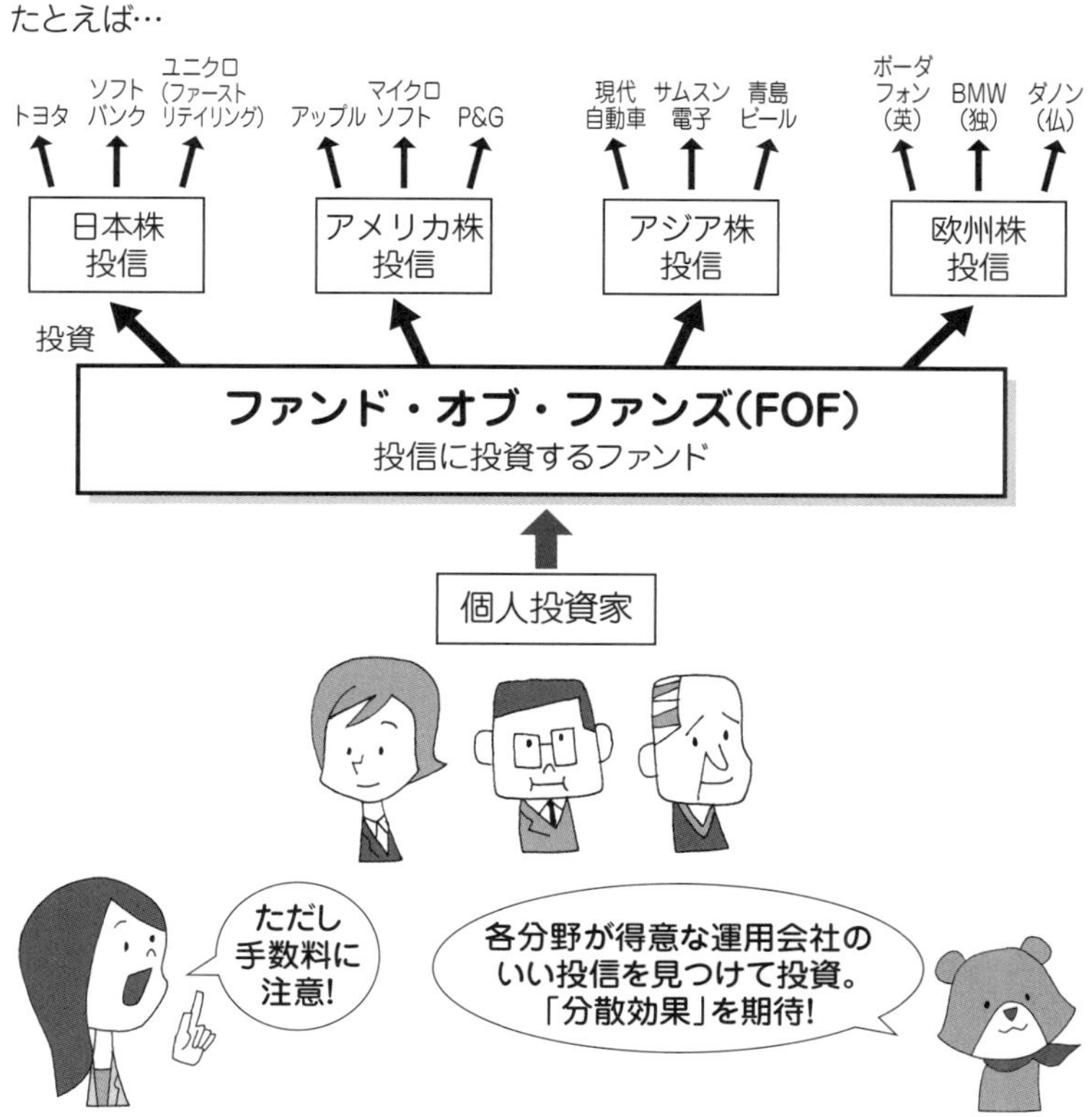

用語解説

実質的な負担：投資対象とする投信の運用管理費用（信託報酬）を加味して、投資家が実質的に負担する運用管理費用のこと。たとえば、あるバランス型投信の場合、運用管理費用だけみると年0.798%（税込）とそれほど高くなさそうだが、「実質的な負担」をみると年1.45%±0.2%になる。

「目論見書」で投信のアウトラインを確認しよう！

「目論見書」とは運用会社が作成し、自社で運用する投信の中身を説明した「取扱説明書《トリセツ》」のようなもの。**「交付目論見書」と「請求目論見書」の2種類があります。**交付目論見書は、投信を購入するときに「必ず読まなくてはいけないもの」とされていて、ポイントを絞って書かれています（図3-10）。一方、請求目論見書は投資家から請求があった場合に交付するもの。厚くて情報量も多いのですべてを読みこなすのはたいへんかもしれません。

投信は商品によって投資する地域や対象がさまざまです。そこで、交付目論見書でまず「どこの」「何に」投資する商品なのかを押さえましょう。交付目論見書の表紙か、その次のページに載っている**「商品分類」と「属性区分」の表をみる**と、わかります。

商品分類表では「追加型」か「単位型」か、そして、「どこの」「何に」投資する商品なのかが記載されています(図3-11)。

「追加型」というのは、いつでも購入できる投信という意味です。当初の募集期間が過ぎたあとも時価である基準価額で購入することができます。逆に「単位型」は決められた募集期間しか購入することができません。また、「補足分類」で「インデックス型」とあるものは、「インデックスファンド」だということがわかります。

そして、商品分類とセットでその横か下に記載されているのが「属性区分」です(図3-

3-10 交付目論見書はコンパクトな投信のトリセツ

商品分類・属性区分 ― 商品の概要がわかる

➡ 図3-11、3-12(94,95ページ)

ファンドの目的・特色 ― 投資哲学や運用方針、運用プロセスなどが記載されている

➡ 図5-5(143ページ～)

投資リスク ― 基準価額の変動要因を記載

運用実績 ― 過去の運用実績がわかる!

- 基準価額・純資産の推移
- 分配の推移
- 主要な資産の状況
- 年間収益率の推移

➡ 図5-6(145ページ～)

手続き・手数料等

- お申込メモ ― 信託期間や繰上償還の条件などがわかる
- ファンドの費用・税金 ― 購入時手数料、運用管理費用(信託報酬)、信託財産留保額がわかる

➡ 図4-8
(117ページ)

交付目論見書は８ページから１６ページ程度のものが多く、運用哲学・方針やスタイル、リスク、過去の運用実績、手数料などがコンパクトにまとめられている。書かれている項目や用語、順番は決まっているので、同タイプの商品で比較できる

3-11 交付目論見書で投信の大枠を確認 ～その1（商品概要）

商品分類

商品分類				
単位型・追加型	投資対象地域	投資対象資産（収益の源泉）	独立区分	補足分類
単位型 追加型	国内 海外 内外	株式 債券 不動産投信 その他資産 資産複合	MMF MRF ETF	インデックス型 特殊型

例

商品分類			
単位型・追加型	投資対象地域	投資対象資産（収益の源泉）	補足分類
追加型	海外	株式	インデックス型

これはインデックスファンドの例です

✎用語解説

ETF（いー・てぃー・えふ）：上場投資信託といって投信の一種。証券取引所（Exchange）に上場され、株式と同様に取引できる（Traded）投資信託（Fund）のこと。インデックスファンドより保有コストは安い。

12）。商品分類をさらに細かく説明しています。

属性区分の投資対象資産の欄が「その他資産」になっている場合は直接株式や債券に投資していないということなので、「投資形態」が、「ファミリーファンド」や「ファンド・オブ・ファンズ」となっていることが多いです。

インデックスファンドの場合、「対象インデックス」の欄に具体的な指数が書かれています。たとえば、図3-12の例はMSCIコクサイ・インデックスになります。

3-12 交付目論見書で投信の大枠を確認 ～その2（属性区分）

属性区分

属性区分						
投資対象資産	決算頻度	投資対象地域	投資形態	為替ヘッジ	対象インデックス	特殊型
株式 一般 大型株 中小型株 債券 一般 公債 社債 その他債券 クレジット属性 不動産投信 その他資産 資産複合 資産配分固定型 資産配分変更型	年1回 年2回 年4回 年6回（隔月） 年12回（毎月） 日々 その他	グローバル 日本 北米 欧州 アジア オセアニア 中南米 アフリカ 中近東（中東） エマージング	ファミリーファンド ファンド・オブ・ファンズ	あり なし	日経225 TOPIX その他	ブル・ベア型 条件付運用型 ロング・ショート型／絶対収益追求型 その他

例

属性区分					
投資対象資産	決算頻度	投資対象地域	投資形態	為替ヘッジ	対象インデックス
その他資産	年2回	グローバル（日本を除く）	ファミリーファンド	なし	その他（MSCIコクサイ・インデックス(円ベース)）

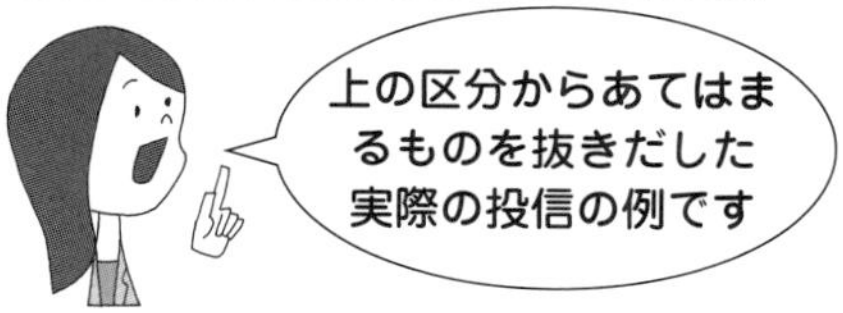
上の区分からあてはまるものを抜きだした実際の投信の例です

投信を知る上で大切な「3つの資料」

投資信託を理解する上で欠かせないのが**目論見書、月次レポート、そして、運用報告書の3つ**です。目論見書については92ページで触れたので、ここでは、月次レポートと運用報告書について説明します。投信を購入すると、月に1回など定期的に、直近の運用状況についてまとめたレポートが販売会社や運用会社のホームページに公開されたり、メールで送られてきたりします。「マンスリーレポート」「月次運用報告書」など、呼び方は会社によってさまざまです。たとえば、どのような会社にどのような比率で投資しているのかといった商品の中身を知ることができます。

そして、半年あるいは年に1回、投信を保有している人（受益者といいます）に送付されるのが「交付運用報告書」です。こちらは投信の決算に伴って、その期の運用成績や投資家が負担した手数料などを報告してくれるものです。さらに詳細を記した「運用報告書（全体版）」もあります。最近は購入前でもウェブで見ることができます。

投信は買うときはもちろん、購入後も継続的にウオッチしたいもの。日々の価格に振り回される必要はありませんが、「お付き合いしよう」と決めた以上、「相手が本当にいい人だったのか」「態度（投資方針や運用スタイル、中身）が変わっていないか」などは定期的にチェックしましょう。第4章と第5章で、具体的なポイントをみていきます。

3-13 投信を選ぶときには恋人を選ぶようにチェック

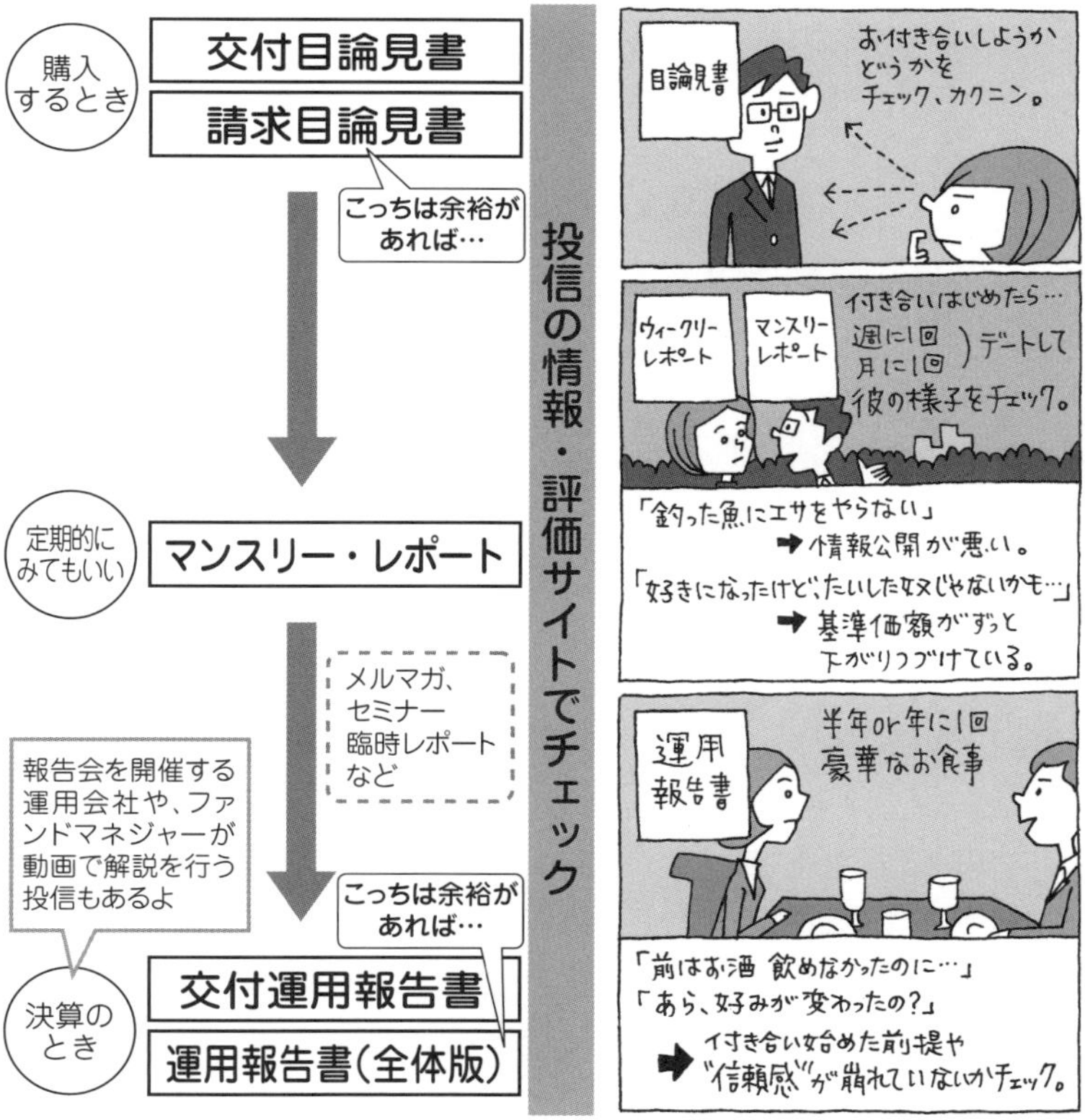

用語解説

運用報告書：投信の保有者（受益者）に対して、投信の運用状況を報告するための文書。決算ごとに運用会社が作成、販売会社を通じて受益者に送付される。1年決算のものは1年に1回、それよりも決算頻度の多いものは半年に1回作成。

【投信の名前の法則】〜名前で、投信の中身がわかる！

第３章では、投信の運用スタイルや、投信という器に入れる銘柄の選び方や入れ方などについてみてきました。「グロース」や「バリュー」など、慣れないとわかりにくい用語も多いかもしれません。

しかし、こうした用語がわかるようになると、投信の名前をみただけで、どんな投信なのか中身がイメージできるようになってきます。

投信の名前は長くてわかりにくいように感じますが、実は【投信の名前の法則】があります。並び順が決まっているのです。具体的には、「運用会社名（シリーズ名）」＋「投資対象（国や地域、株か債券かなど）」＋「運用スタイル（アクティブかインデックスか）」ときて、締めに「ファンド」や「オープン（いつでも買える「追加型」の意味）」がつきます。さらに、その後ろに為替ヘッジの有無や分配金の受け取りがわかる「毎月分配」や「３カ月決算」という表記、あだ名のような「愛称」がついている場合もあります。

投資の対象の用語は特に見慣れないので、覚えるまで難しいかもしれません。

株式は「エクイティ」、債券は「ボンド」、不動産投信は「リート」、通貨は「カレンシー」ともいいます。また配当のことは「インカム」、債券で高格付のものは「ソブリン」や「ハイグレード」、低格付のものは「ハイ・イールド」、そして新興国は「エマージング」などと表記されたりします。どんな投信なのか、まずは名前に注目してみるといいですね。

名前をみれば中身がだいたいわかる！

- **インベスコ** → 運用会社の「インベスコアセット・マネジメント」が運用する
- **店頭** → 新興市場（ジャスダックや東証マザーズなど）の
- **成長株** → 成長株に投資する
- **オープン** → いつでも買える投信

- **朝日** → 運用会社の「朝日ライフアセットマネジメント」が運用する
- **Nvest** → Nvestは提携している米国の運用会社名（現在は改称）
- **グローバル** → 世界の
- **バリュー株** → 割安株に投資する
- **オープン** → いつでも買える投信

- **たわら** → たわらノーロードシリーズの
- **ノーロード** → 購入時手数料がかからない
- **先進国株式** → 先進国株式に投資するインデックス投信

長い名前にはちゃんと意味があったんだねー

2008年以降、低コストのインデックス投信シリーズをつくる運用会社がふえ、さらに2015年からは運用管理費用の低コスト化が加速しました。投信の名前のアタマには、会社名やシリーズ名がつくことが多いというお話をしましたが、下表にある名前がついていたら、低コストのインデックス投信シリーズのうちの１本だというふうに思ってください。それぞれ「日本株」「先進国株」「新興国株」といったアセットクラス別の商品や、バランス型の投信などを取りそろえています（品ぞろえはシリーズにより異なります）。

代表的な低コストのインデックス投信シリーズ

シリーズ名	運用会社名
たわらノーロード	アセットマネジメントOne
＜購入・換金手数料なし＞	ニッセイアセットマネジメント
eMAXIS《イーマクシス》 slim《スリム》	三菱UFJ国際投信
楽天・バンガード・ファンド	楽天投信投資顧問
iFree《アイフリー》	大和証券投資信託委託
DC つみたてNISA	三井住友アセットマネジメント

第4章

投資信託で お金をふやすための「3つの戦略」

お金をふやすなら、「3つの戦略」が欠かせない！

巷にはいろんな投信があふれています。なかには派生商品（デリバティブ）など高度な金融技術を使った複雑なしくみのものもたくさんあります。けれど、皆さんが資産形成をしていこうと思ったら、大切なのは、ごくごくシンプルな3つの戦略を押さえておくこと。

具体的には「長期」「分散」「低コスト」の3つです。

まずは「分散」です。投資というと、これから上がりそうな国や資産、会社などを予想して、短期で売り買いして儲けるというイメージを持つ人が多いようです。しかし、そうした手法は大きく儲かることもありますが、逆に大きく損をしてしまうことも。むしろ、予想は当たらないということを前提に「世界の株をまるごと持つ」という発想が必要です。

次に「長期」です。ここでいう長期にはふたつの意味があります。ひとつは資産形成を考える上では短期的な値動きに一喜一憂せず、長期的な視点で考えることが大切ですよ、ということ。もうひとつは企業が成長するには一定の時間が必要なので、長期的な視点で構えようということです。投信を通して株を持ち（＝会社のオーナーになる）、会社の成長の果実を分け合う（シェア）にはそれなりの時間が必要なのです。

そして、最後が「低コスト」です。私たちが得られるリターンは不確実ですが、支払う手数料は決まっています。商品によって差があるため、しっかり確認しましょう。

4-1 「分散」「長期」「低コスト」でお金をふやそう！

自分のお金は「世界中の会社」においておく

長期での運用を考える場合、まず持ちたいのは株式です。株式投資というのは、いい会社を見つけて投資をし、長期で株を保有することで、その会社の成長の果実を分け合う（シェアする）ことです。投信を通して株式に投資をする場合も、同じです。

世界地図や地球儀を眺めながら、自分の金融資産を長期にわたって、「どこに置いておくか」という視点で考えてみましょう。いまや経済はグローバル化しています。ステーショナリーやキッチン用品、そして家電製品にいたるまで、毎日使っているさまざまな商品やサービスは私たちの手にわたるまでにはいろんな国・企業・人の力を経ています。ですから、「日本だけ」にとらわれず、米国や英国、フランスといった先進国の会社や、一部新興国の会社も含めて、世界中の会社に投資することを意識したいものです。

投信を活用して世界の株に投資するにはいくつかの方法があります（図4-2）。たとえば、（1）FTSEグローバル・オールキャップ・インデックスや、MSCIオール・カントリー・ワールド・インデックス（MSCI ACWI）に連動する投信を持つと、1本で日本を含む世界の株にまとめて投資することができます。（2）や（3）のように、何本かのインデックスファンドを組み合わせて、世界の株にまとめて投資するという方法もあります。具体的な商品例については113～114ページでご紹介します。

4-2 世界の株を持つ方法

日本	＋	先進国	＋	新興国

(1)
- FTSE グローバル・オールキャップ・インデックスに連動する投信
- MSCI オール・カントリー・ワールド・インデックス（MSCI ACWI）に連動する投信

(2)
TOPIX に連動する投信 ＋ MSCI オール・カントリー・ワールド・インデックス（除く日本）に連動する投信

(3)
TOPIX に連動する投信 ＋ MSCI コクサイ・インデックスに連動する投信 ＋ MSCI エマージング・マーケット・インデックスに連動する投信

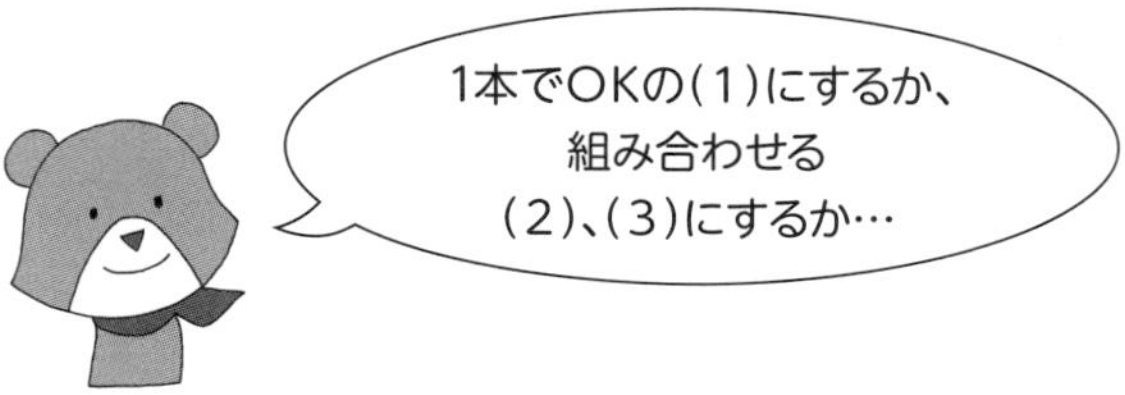
1本でOKの（1）にするか、
組み合わせる
（2）、（3）にするか…

「分散」に「長期」を組み合わせる

分散した世界の株のパッケージを保有していても、投資したお金が短期的に減ることはあります。そこで、「分散」に「長期」を組み合わせることで、より〝負けにくい〟運用を目指しましょう。

図4-3は日本株や先進国株、新興国株など、世界の代表的な株価指数に毎月1万円ずつ20年積み立てたときの結果をグラフで示したものです。実際には株価指数に直接投資することはできませんが、わかりやすく説明するためにそのまま用いています。毎月1万円ずつ積み立て投資をすると20年で投資元本は240万円になります。投資する株価指数によって値動きは異なりますが、いずれも投資したお金はふえています。

もっとも、グラフをみると、長期的に資産は右肩上がりにふえていますが、一時的に元本を下回っている期間もあります。また、図4-3の成果はあくまで2017年12月末まで20年積み立て投資を続けたときの結果です。常にこうなるとは限りません（第6章では投資する時期を変えて、世界株に10年、20年それぞれ積み立てた結果を検証しています）。

個人は資金の量ではプロには勝てませんが、「時間」という点では有利な立場にいます。短期的な視点で利益をあげる必要はないからです。これは資産形成をする上では非常に大きなメリットといえるでしょう。

4-3 世界の主な株価指数に20年間積み立て投資をした結果

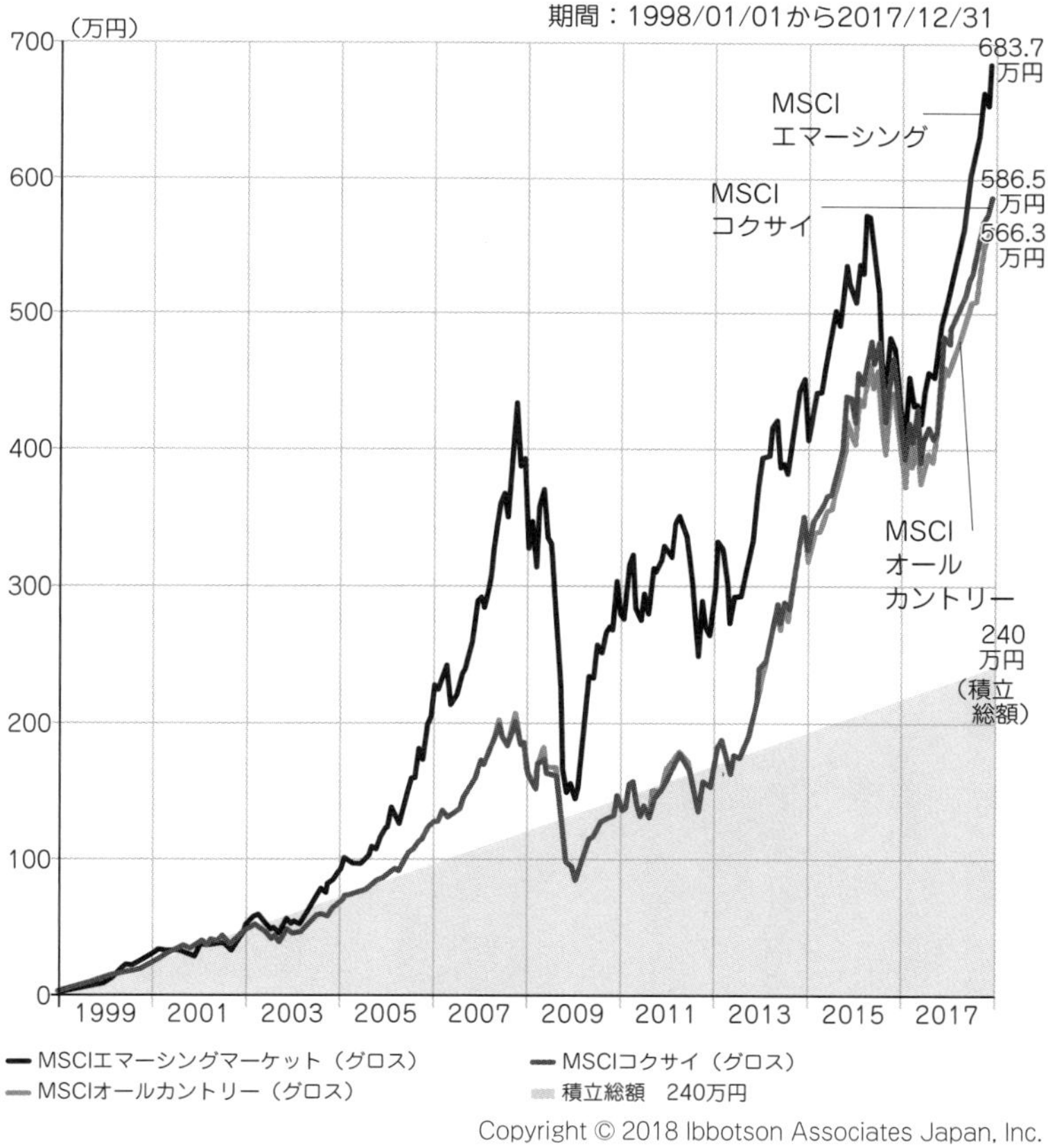

※株価指数に直接投資することはできません。データは投資コスト、税金は考慮していません。

資産形成の土台づくりはインデックスファンドで

投資をするときには「どの商品を買おうか」と検討する前に、お金の全体像に目を向ける必要があります。

金融のプロの人たちが取り入れている考え方として、「コア・サテライト戦略」というものがあります。簡単にいうと、資産形成をするときには幅広く分散投資を行って安定的な運用をめざす土台となる部分（＝コア）と、もう少しリスクをとってプラスαのリターンをめざしたり、さらに分散効果を高めたりする部分（＝サテライト）というように、役割を2つに分けて運用していくという方法です。

資産形成の中心になる部分は大儲けをしようという発想ではなく、リスクを抑えつつ、長い期間かけて安定的にふやしていくことが大切。ですから、低コストのインデックス投信を活用して、世界の株式をまとめて持つという方法が適しています（つみたてＮＩＳＡの対象商品はインデックスファンドがほとんどですし、ｉＤｅＣｏや企業型ＤＣで取り扱っている商品もインデックスファンドが中心です）。そして、サテライト部分でそれを補強するような商品、たとえば、アクティブファンドや個別銘柄などを加えるということになります。

土台をつくるにはインデックスファンドに投資をするか、国内外の株式や債券にまとめ

4-4　コア・サテライト戦略の考え方

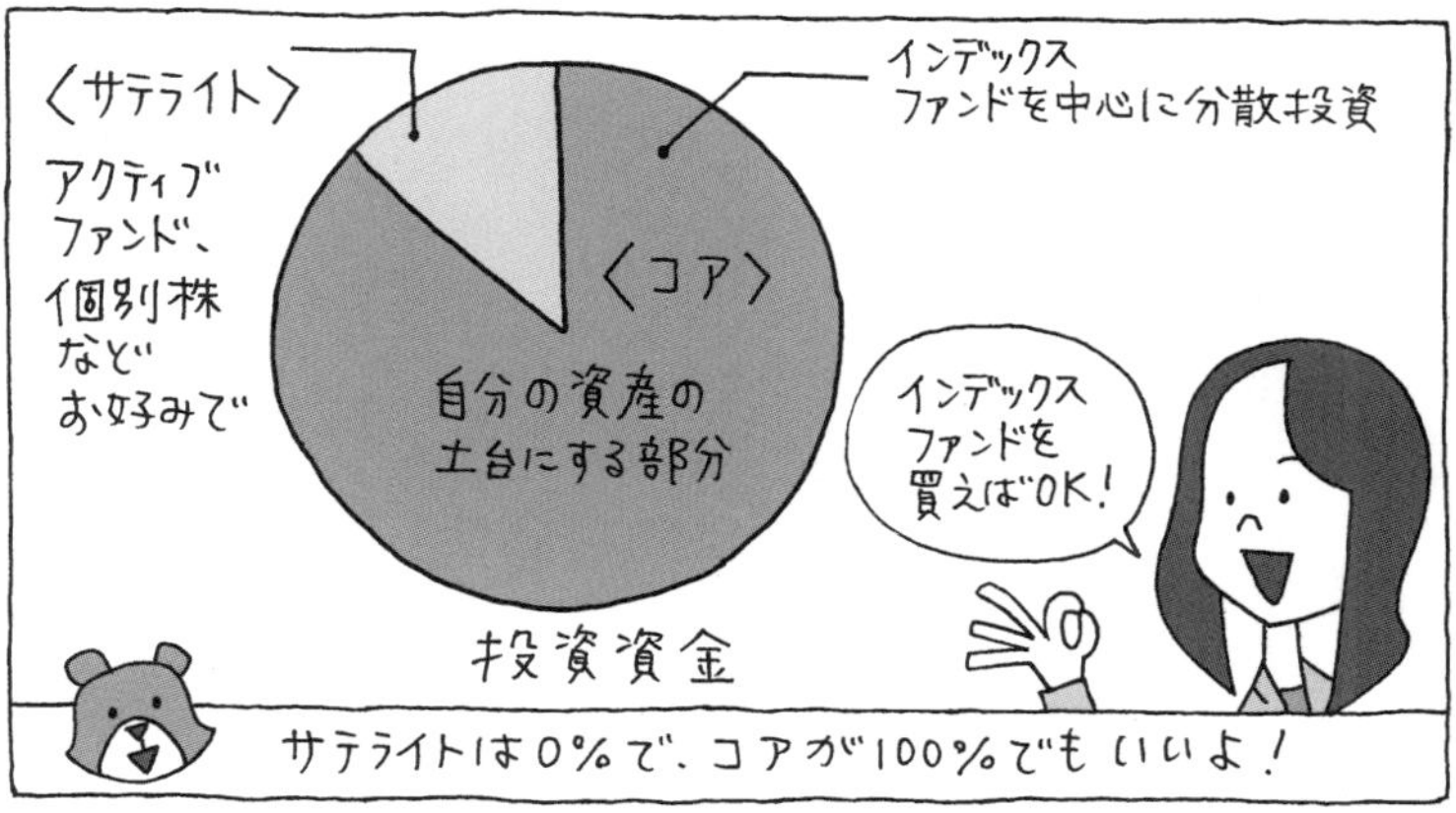

て投資できるセット商品を購入していくという2つの選択肢があります。

それほど資産が多くない人や、運用に手間や時間をあまりかけたくない人、忙しい人などは自分の資産の100%をコアに充ててもOKです。

その後、資金が育ってきたり、運用にも慣れてきたりして、自分で勉強したり、調べたりして運用してみたいと思うようになったらサテライト部分を組み入れてもいいでしょう。もちろん、最初からサテライト部分を組み入れてもいいのですが、たとえば、アクティブファンドは個性があり、商品によって大きな違いがあります。最初は無理せず、投資に充てるお金の1～2割程度、多くても3割程度にとどめたいところです。

インデックスファンド選びのポイント

お弁当や化粧品、家電製品などは購入する前に、手にとったり、眺めたり、あるいは試してみたりすることができます。けれど、投信はそうしたことができません。だからこそ、商品を選ぶときの「モノサシ」をしっかり意識する必要があります。

インデックスファンド選びのモノサシは次の3つです。同じ指数に連動する投信同士で比較してください。

①手数料が安いか
②ずっと運用してくれそうか（＝継続性）
③目標とする指数とぴったりの動きをしているか

①手数料はとても大切です。同じ指数に連動する投信の中で、運用管理費用（信託報酬）が相対的に低く、購入時手数料なし（ノーロード）の商品を選びましょう。

インデックス投信の場合、「つみたてＮＩＳＡ」の対象商品（＊1）の中から探すのが近道です。すべて購入時手数料なしで、運用管理費用（信託報酬）が低いものに限定されているからです。最近は純資産残高の増加などに伴い、運用管理費用の引き下げを実施する運用会社もあります。引き下げ実績のある商品がベターです。

4-5 3つのモノサシでチェック！

インデックスファンドはこの3つのポイントで選ぶ！

①手数料が安いか
②ずっと運用してくれそうか（＝継続性）
③目標とする指数とぴったりの動きをしているか

ただ、第2章でも触れたように、投信を保有している間にかかるのは運用管理費用（信託報酬）だけではありません。それ以外にも、株などを売買するときの手数料や外貨建て資産の保管費用などがかかるため、実質的なコストも併せて確認しましょう。

次に②継続性です。最近では運用会社が低コストインデックス投信シリーズを設定し（第3章末コラムを参照）、運用管理費用（信託報酬）の低コスト化が急速に進みました。半面、本数がふえたことで、今後淘汰される可能性もあります。

そこで、純資産総額の推移も併せて確認しましょう。規模（純資産総額）が小さいと、当初決まっていた運用期間よりも前に繰上償還される可能性もあるからです。また、残高が小さいと売買手数料や保管費用が規模の割に大きくなり、実質コストが高くなりやすいという面もあります。

そして、③指数とのかい離です。ベンチマークからどのくらいかい離しているかをトラッキングエラーといいますが、インデックス投信はベンチマークに連動して動くことをめざしていますから、トラックキングエラーが小さいほうがよいといわれています。

注意したいのは、株価指数には「配当込み」と「配当なし」の2つがあることです（＊2）。株価指数を算出するときに、株式の配当分を考慮するのが配当込指数、考慮しないのが配当なし指数です。投資信託の収益には株式の配当収入が含まれますから、比較する相手（ベンチマーク）としては配当分を含む「配当込み指数」を使用している商品がのぞましいです（すべて配当込指数に統一してくれるとよいですね）。

図4-6と図4-7に同じ指数に連動するタイプの中で、ベンチマークが配当込指数で、運用管理費用（信託報酬）・実質的なコストが相対的に低めの投信の例をあげました（2018年7月末現在）。つみたてＮＩＳＡの対象となっているか、ｉＤｅＣｏでの取扱いがあるかも併せて記載しています。

本書では商品例を示していますが、今後も新しい商品が登場したり、運用管理費用の引

4-6 低コストなインデックス投信の例〜その1

●日本を含む世界株に投資する商品
（FTSEグローバル・オールキャップ・インデックスに連動）

商品名（運用会社名）	運用管理費用（信託報酬）	信託財産留保額	iDeCo（主な取扱会社）	つみたてNISA
楽天・全世界株式インデックス・ファンド（楽天投信投資顧問）	年0.2296%程度（注1）	なし	○（楽天証券）	○
SBI・全世界株式インデックス・ファンド（愛称：雪だるま（全世界株式））（SBIアセットマネジメント）	年0.15%程度（注1）	なし	○	○

注1 投資対象とする投信の報酬を加味した実質的な負担額（税込・概算）を記載

●日本を除く世界株に投資する商品
（MSCIオール・カントリー・ワールド・インデックス・除く日本に連動）

商品名（運用会社名）	運用管理費用（信託報酬）	信託財産留保額	iDeCo（主な取扱会社）	つみたてNISA
三井住友・DCつみたてNISA・全海外株インデックスファンド（三井住友アセットマネジメント）	年0.25%	なし	○（三井住友銀行、三井住友海上、J-PEC、住友生命）	○
野村つみたて外国株投信（野村アセットマネジメント）	年0.19%	なし	×	○

※運用管理費用（信託報酬）は税抜の数値

き下げがあったりするでしょう。そのときに、商品を選ぶときの「考え方」を理解しておくと状況が変わっても自分で判断することができるはずです。

＊1つみたてNISA対象商品は金融庁のホームページに掲載。随時更新される

＊2 配当込の指数には、課税を考慮しないもの（グロス）と課税を考慮したもの（ネット）がある。

4-7 低コストなインデックス投信の例～その2

●先進国株に投資する商品（MSCIコクサイ・インデックスに連動）

商品名（運用会社名）	運用管理費用（信託報酬）	信託財産留保額	iDeCo（主な取扱会社）	つみたてNISA
たわらノーロード先進国株式（アセットマネジメントOne）	年0.2%	なし	○（イオン銀行、みずほ銀行、楽天証券など）	○
<購入・換金手数料なし>ニッセイ外国株式インデックスファンド（ニッセイアセットマネジメント）	年0.109%	なし	×（注2）	○

●新興国株に投資する商品（MSCIエマージング・マーケット・インデックスに連動）

商品名（運用会社名）	運用管理費用（信託報酬）	信託財産留保額	iDeCo（主な取扱会社）	つみたてNISA
<購入・換金手数料なし>ニッセイ新興国株式インデックスファンド（ニッセイアセットマネジメント）	年0.189%	なし	×（注2）	○
たわらノーロード新興国株式（アセットマネジメントOne）	年0.34%	0.3%	○（第一生命）	○

●日本株に投資する商品（TOPIXに連動）

商品名（運用会社名）	運用管理費用（信託報酬）	信託財産留保額	iDeCo（主な取扱会社）	つみたてNISA
三井住友・DCつみたてNISA・日本株インデックスファンド（三井住友アセットマネジメント）	年0.16%	なし	○（SBI証券、J-PEC、三井住友銀行、楽天証券）	○
<購入・換金手数料なし>ニッセイTOPIXインデックスファンド（ニッセイアセットマネジメント）	年0.159%	なし	×（注2）	○

※運用管理費用（信託報酬）はすべて税抜の数値

注2 <購入・換金手数料なし>シリーズはiDeCoに対応しているが、2018年7月末時点で取り扱う運営管理機関はない。2018年中に取扱い予定

情報開示資料でインデックスファンドをチェック

購入前に、交付目論見書や月次レポート、交付運用報告書などをみて、インデックスファンドのモノサシをチェックしましょう。企業型DCやiDeCoといった確定拠出年金口座で投信を購入する場合も同様です（運営管理機関の口座にログインしても見られない場合は運用会社のホームページで交付目論見書や運用報告書をみることができます）。

①手数料

交付目論見書の「ファンドの費用・税金」というところをみると、購入時手数料や運用管理費用（信託報酬）が記載されています。運用管理費用は、運用会社、販売会社、受託会社（信託銀行）に支払う内訳も書いてあります（117ページ図4-8①）。

投信を保有している間にかかるのは運用管理費用だけではありません。それ以外にも、株などを売買するときの手数料や外貨建て資産の保管費用などがかかります。これらは手数料率が決められているわけではないので、交付目論見書を見てもわかりません。「交付運用報告書」の「1万口当たりの費用明細」で確認します（119ページ図4-9①）。投信評価会社モーニングスターのサイトでも「実質経費率」が載っています。

②継続性

交付目論見書で「信託期間」と「繰上償還」を確認しましょう（118ページ図4-10②）。

信託期間というのは投信の運用期間のこと。「無期限」とあるものは満期がなく、ずっと運用されるという意味です。「2030年12月」のように時期の記載がある場合は運用期間が決まっていますが、中には延長されるものもあります。

注意したいのが、一定の受益権総口数を下回ると、運用が途中でストップされる可能性もあるということ。交付目論見書の「繰上償還」という項目をみると、たとえば「受益権総口数が10億口を下回ることになったら」という具合に、どんな状態になると運用がストップされる可能性があるのかが書いてあります。投信は分散効果の効いた商品なので、繰上償還されてもそのときの時価をもとに現金化されるだけで、価値がゼロになるわけではありませんが、運用計画には支障をきたしてしまいます。

また、規模が小さくなると、株などの売買手数料や保管費用が規模の割に大きくなり、実質コストが高くなりやすいというデメリットもあります。

そこで、月次レポートで純資産総額が安定的に推移しているかを確認しましょう（119ページ図4-9②）。

③ベンチマークとのかい離

交付目論見書で「ベンチマーク（目標とする指数）は何か」「指数は配当込か」を確認します（118ページ図4-10③）。そして、月次レポートや交付運用報告書で、目標とするベンチマークとの差をみるとよいでしょう（図4-10③）。

4-8 交付目論見書をみながらチェック（その１）

●たわらノーロード先進国株式（アセットマネジメントOne）の例

①手数料

ファンドの費用・税金

ファンドの費用

投資者が直接的に負担する費用	
購入時手数料	ありません。
信託財産留保額	ありません。
投資者が信託財産で間接的に負担する費用	
運用管理費用（信託報酬）	ファンドの日々の純資産総額に対して年率0.216%(税抜0.20%)以内 信託報酬＝運用期間中の基準価額×信託報酬率 ※運用管理費用(信託報酬)は、毎日計上され、毎計算期間の最初の6ヵ月終了日(休業日の場合は翌営業日)および毎計算期末または信託終了のときファンドから支払われます。 2018年1月12日現在は、年率0.216%(税抜0.20%)になります。配分は以下の通りです。

支払先	内訳(税抜)	主な役務
委託会社	年率0.09%	信託財産の運用、目論見書等各種書類の作成、基準価額の算出等の対価
販売会社	年率0.09%	購入後の情報提供、交付運用報告書等各種書類の送付、口座内でのファンドの管理等の対価
受託会社	年率0.02%	運用財産の保管・管理、委託会社からの運用指図の実行等の対価

運用会社の取り分

販売会社の取り分

受託会社（信託銀行）の取り分

4-10 交付目論見書をみながらチェック（その2）

②継続性

信託期間	無期限(2015年12月18日設定)
繰上償還	次のいずれかに該当する場合には、受託会社と合意の上、信託契約を解約し、当該信託を終了(繰上償還)することがあります。 ・信託契約を解約することが受益者のために有利であると認める場合 ・受益権口数が10億口を下回ることとなった場合 ・対象インデックスが改廃された場合 ・やむを得ない事情が発生した場合

③ベンチマーク

1.ファンドの目的・特色

ファンドの目的

MSCIコクサイ・インデックス(円換算ベース、配当込み、為替ヘッジなし)の動きに連動する投資成果をめざして運用を行います。

4-9 交付運用報告書と月次レポートをチェック

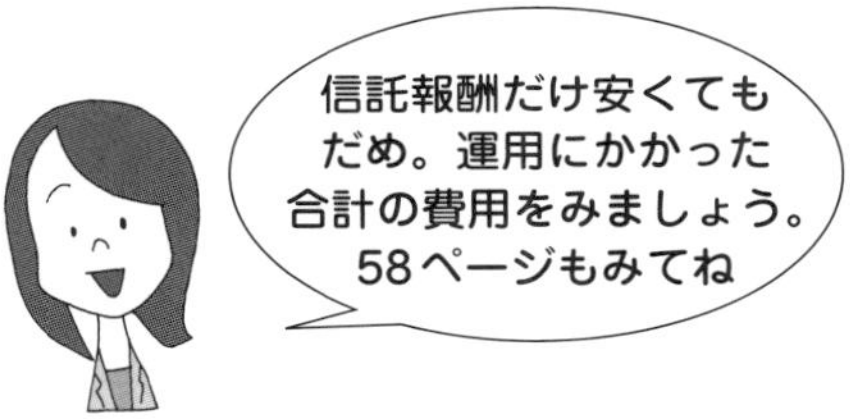

①手数料

「運用報告書」をみる

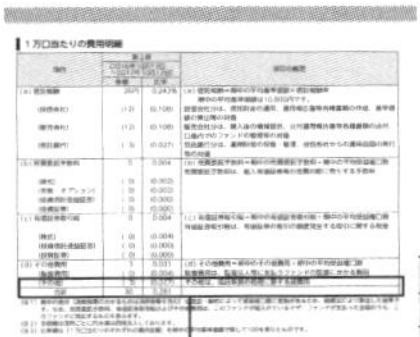

	第２期 (6年10月13日～2017年10月12日)		項目の概要
(監査費用)	(0)	(0.004)	監査費用は、監査法人等に支払うファンドの監査にかかる費用
(その他)	(3)	(0.027)	その他は、信託事務の処理に要する諸費用
合計	30	0.281%	

①その期に実際にかかった手数料

②継続性と③ベンチマークとの差

「月次レポート」（毎月発行）をみる

安定的に
ふえていると
Good ！

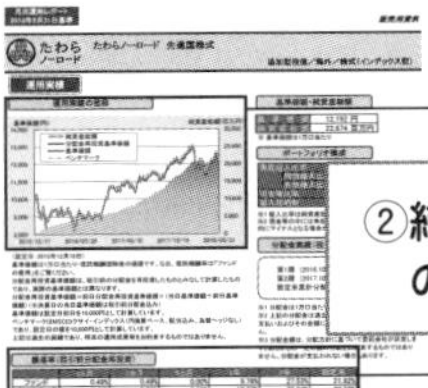

②純資産総額の推移

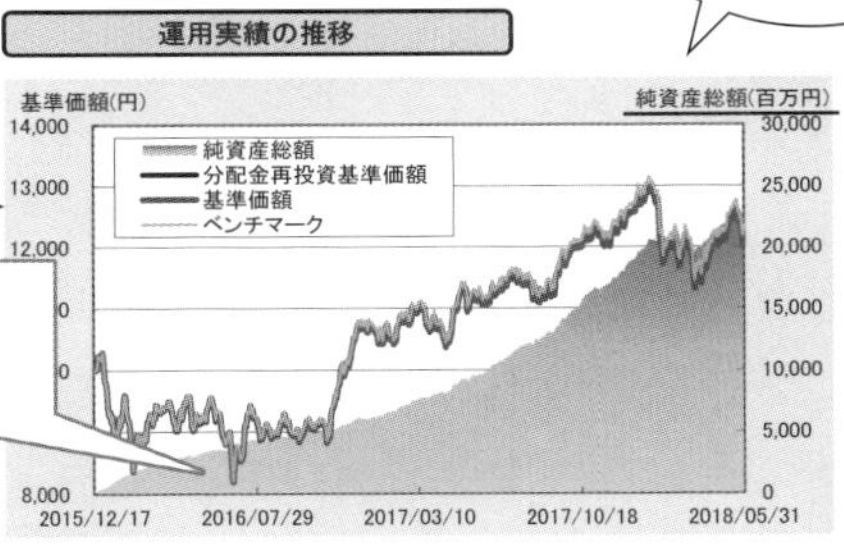

騰落率（税引前分配金再投資）

	1ヵ月	3ヵ月	6ヵ月	1年	2年	設定来
ファンド	0.49%	0.49%	0.00%	9.78%	27.53%	21.92%
ベンチマーク	0.46%	0.59%	0.22%	10.27%	28.84%	23.50%
差	0.03%	−0.09%	−0.22%	−0.49%	−1.31%	−1.58%

③ベンチマークとの差

運用管理費用（信託報酬）が安くなると、その分、儲かる！？

インデックス投信の低コスト競争が進んでいます。なかには「運用管理費用（信託報酬）が下がった分だけ儲かる」というふうに考える人もいるようですが、それは誤解です。インデックス投信は指数への連動を目的としているため、運用管理費用（信託報酬）の差がそのまま基準価額の差になるわけではありません

第2章でご説明したように、投信の資産から運用管理費用を差し引いたあとの純資産総額を受益権総口数で割ったものが基準価額になります。「差し引く」運用管理費用が安くなれば、目標とする指数との連動性を高める要因になりますが、それがすべてではありません。

指数とのかい離はいろんな理由で発生します。たとえば、投信の中身（ポートフォリオ）の構築方法をはじめ、（資金の流出入が大きく）頻繁に株を売買している、運用管理費用以外のコストが高い、配当金を再投資するタイミングによる要因——などです。そのため、運用管理費用が一番低い投信がベンチマークとのかい離がもっとも小さいとは限りません。

いずれにしろ、インデックス投信はベンチマークとの差が小さいことが評価されますから、指数を無視して基準価額が上昇する（＝儲かる）わけではないことは押さえておきましょう。

結論としては、同タイプの指数に連動する投信の中で、運用管理費用が最も安い投信を追い続ける必要はなく、年0.1％台～0.2％台の低コスト商品群の中から、継続性を確認して、おおらかな気持ちで選べばよいのではないでしょうか。

インデックスファンドを組み合わせたセット商品も選択肢

バランス型投信というのは、株式だけ、あるいは債券だけというようにひとつの資産だけではなく、株式と債券、株式と債券と上場不動産投信（REIT）など、複数の資産を組み合わせて運用する投資信託のことをいいます。

長期で運用するなら、株式に投資する投信をメインに据えたいところですが、それでも値動きが大きいのは抵抗があるという人もいるようです。本来は、投資する金額で調整する（=投資に回す金額を減らす）のがキホンですが、「値動きをもう少しマイルドにしたい」「引き出す時期が比較的近いかもしれない」という人は、バランス型の投資信託を購入するという選択肢もあります。リタイア後に安定的に運用しながら、取り崩していきたいという人にとっても選択肢のひとつになるでしょう。

第6章でご説明しますが、いくつかの投信を自分で組み合わせる方法だと、数年に一度は自分で配分の調整などのメンテナンス、いわゆる「リバランス」ということを行う必要がありますが、バランス型だとそういったことはすべて運用会社がやってくれるので、自分でメンテナンスをする必要がありません。

ひと口にバランス型といっても、さまざまなタイプがあります。

●固定配分型

「固定配分型」は、決められた資産配分割合をずっと維持していくタイプです。

代表的なのは、たとえば、株式に投資する部分を資産全体の30％、50％、70％などと決めた3〜4本のシリーズがセットで商品化されているものです（図4-11①の上）。「安定、標準、積極型」や、「債券シフト型、標準、株式シフト型」など商品によって名称はまちまちです。企業型DCやiDeCoといった確定拠出年金の対象商品として入っているケースが多いようです。

リスクが高くてもリターンを高めたければ株式の比率が高いものを選ぶと、基本的なポートフォリオを1本でつくることができます。洋服でいえば、細かくサイズをはかるオーダーメイドではなく、S、M、Lといった3つくらいのサイズから自分に体型にもっとも近いものを選ぶという感じです。ただし、同じ株式70％のものでも、国内資産と海外資産の比率や、新興国株を含むか否かなどは、商品によって異なるため、中身はしっかり確認しましょう。

最近は、各資産に均等に投資するタイプの投信もあります。たとえば、8資産に投資するタイプなら、株式（国内、先進国、新興国）、債券（国内、先進国、新興国）、REIT（国内、先進国）に12・5％ずつ投資するという具合です（図4-11①の下）。

代表的なものに、「eMAXIS《イーマクシス》 slim《スリム》バランス（8資産均等型）」（三菱国際UFJ

4-11 固定分配型 ―株式と債券などの比率が決まっている

①株式と債券の比率が決まっている

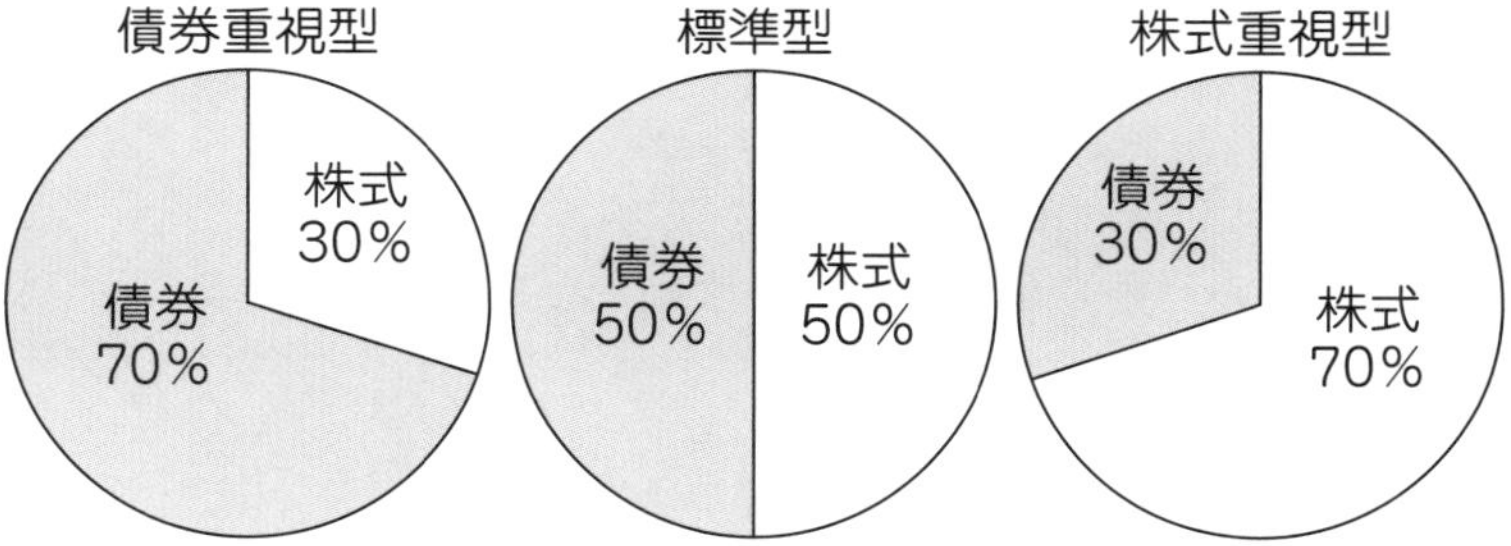

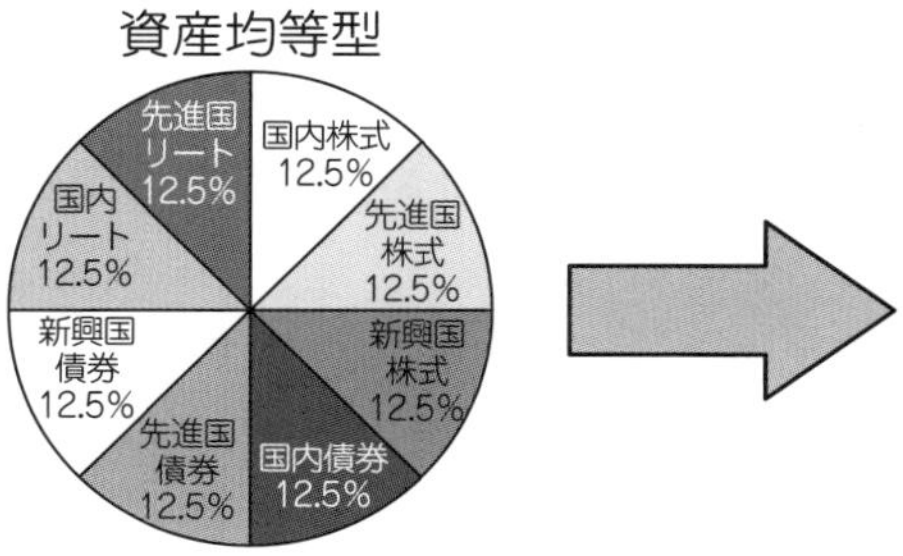

たとえば、8資産、株式（国内、先進国、新興国）、債券（国内、先進国、新興国）、REIT（国内、先進国）に均等に投資。そのほか、4資産、5資産、6資産、7資産、9資産など組み合わせはさまざま

②各資産の中身が変わる

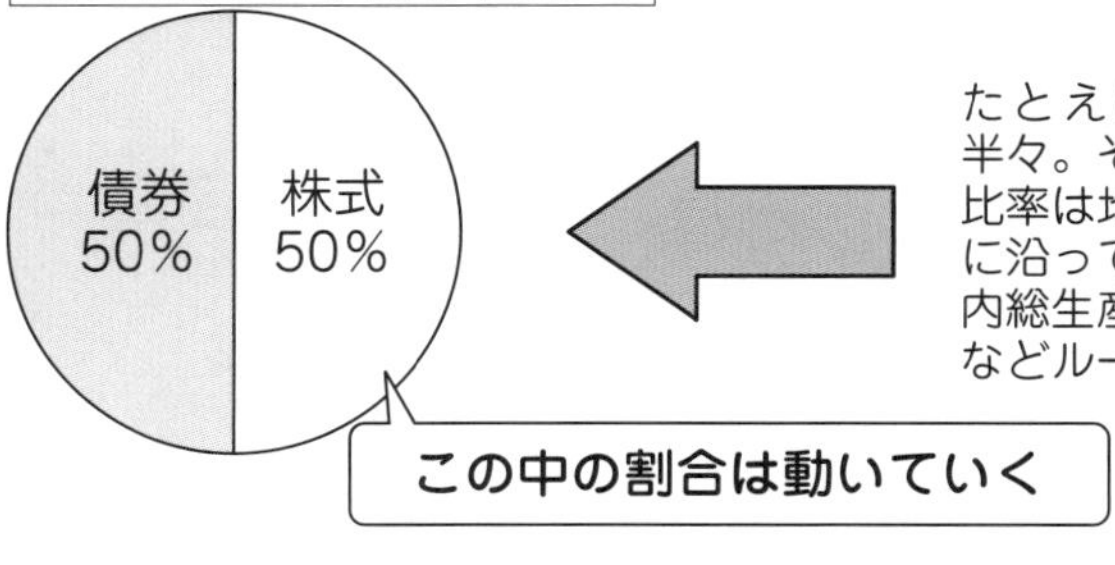

たとえば、株式と債券は半々。それぞれの資産分配比率は地域別に「時価総額に沿って変わる」「GDP（国内総生産）に応じて変わる」などルールが決まっている

投信）や「iFree《アイフリー》8資産バランス」（大和証券投資信託委託）などがあります。そのほか、4資産や6資産に均等に投資するものなど、さまざまタイプがあります。

また、株式と債券の比率は「固定」されていますが、その中身についてはルールに沿って変わっていくタイプのものもあります。「世界の時価総額の割合に即した配分にしていく」、「GDP（国内総生産）の比率に沿った割合になる」などです。たとえば、「世界経済インデックスファンド」（三井住友トラスト・アセットマネジメント）は、株式と債券がそれぞれ世界のGDP比率に沿った比率になっています。

●TAA型・リスクコントロール型

配分を固定せず、たとえば、株価が上がったり、急落したりといった相場環境に応じて、資産配分を機動的に変更するTAA（タクティカル・アセット・アロケーション）型や、リスク（価格の変動幅）を一定に抑えるために、市場動向に応じて投資資産の組入比率を機動的に変更する「リスクコントロール型」もあります。

リスクコントロール型の場合、「基準価額の目標変動リスク値を年率5％程度以下となることを目指す」など、具体的な数値が記載されている場合が多いです。リスク限定、つまり下値が限定される代わりに、値上がりも抑えられます。

●ターゲットイヤー型

これは、将来のある時点をめざして買う株式などの比率を一定のルールに沿って「自動的に」引き下げていく商品。たとえば、退職する年のように、あらかじめ目標とする年(ターゲット・イヤー)を決めて運用を行います。「○○2035」「○○2040」など、ターゲットとなる年を記載した商品が多く、何年代生まれの人向けといった記載のものもあります。時間の経過とともに、株式中心の積極的な運用から債券中心の保守的な運用へ、少しずつ資産配分を変えて運用を行います。企業型DCやiDeCoで採用されるケースが多いです。

わかりやすさを求めるなら、運用管理費用の低い、固定配分のバランス型を選択するのがおすすめです。ただし、中身(株式と債券だけか、不動産投信も含まれるか)や配分(国内資産と海外資産の比率や各資産の比率など)は商品によって異なるため、必ずチェックしましょう。世界中の株式や債券などに分散投資している商品がベターです。過去のリスク(=過去にどのくらい価格が変動したのか、特にどれくらい下がったことがあるか)は必ず確認したいところです。「つみたてNISA」対象商品の中から、運用実績があり、純資産総額が安定的にふえていているものを選ぶとよいのではないでしょうか。

投信を買うならiDeCoやつみたてNISAを活用しよう

長期的にお金を育てていくには、お給料の一部を自動的に貯蓄や投資に振り向ける「しくみ」を早めにつくってしまうのがポイントです。昔は「まとまったお金をためてから投資する」のが常識だったかもしれませんが、今や100円や500円といった少額から投信が購入できる時代です。万一に備えるお金ができたら、積み立て貯蓄と並行して積み立て投資を行いましょう。

そのときに真っ先に利用したいのが「利益が非課税になる制度」。具体的にはiDeCo（個人型確定拠出年金）やつみたてNISA（積み立て型のNISA）、一般NISAです。

特定口座などの課税口座で投信を購入し、解約時に利益が出ていた場合、通常は約20%の税金が差し引かれます。たとえば、100万円の利益に対して約20%の税金が差し引かれると、手元に入るのは約80万円です。ところが、非課税の制度を利用すると利益に対して税金がかかりません。このケースでは利益の100万円をそのまま受け取ることができます。

128ページに、iDeCoとつみたてNISA、一般NISAの概要をまとめました。

iDeCoというのは、公的年金に上乗せして自分で将来の年金資産をつくっていく制度です。預金や保険商品、投信などの中から商品を選択して運用を行い、成果しだいで将来の受取額が変わります。運用益が非課税になるだけでなく、払った掛金はすべて所得から控除される（差し引ける）ため、その年の所得税と翌年の住民税が安くなります。受取時は原則課税されますが、たとえば一時金で受け取ると「退職所得控除」の対象になります。老後資金を作るのが目的なので、原則60歳になるまでお金を引き出すことができません。

つみたてNISAは投信を積み立てていき、解約時に利益がでていたら、非課税になる制度です。積立額の上限額は年間40万円で、非課税期間は最長20年です。

iDeCoと違い、いつでも自由に解約してお金を引き出すことができるため、どんな用途にも使えます。対象商品はインデックスファンドが中心。すべて購入時手数料なしで、運用管理費用（信託報酬）の上限も決められています。インデックスファンドを選ぶときには、つみたてNISA対象商品の中から選ぶとよいでしょう。

なお、つみたてNISAと一般NISAは同じ年に一緒に使うことはできません。一般NISAは非課税期間が最長5年（＊）で、年間120万円まで投資できます。株式やREIT（上場不動産投信）などにも投資でき、対象商品がつみたてNISAに比べて幅広いのが特徴。「年間40万円以上投資できるお金がある」「積み立てでなく一括購入もしたい」「株式にも投資したい」などという場合には一般NISAを利用するという選択肢もあります。

つみたてNISA（または一般NISA）とiDeCoはどちらか一方を使うのではなく、利用できる人は併用して資産形成をしていけるとよいですね。各制度の詳しい内容について知りたい方は別の著書で詳しく解説しているので、お読みください（185ページ参照）。

＊新たな非課税枠に移管する＝ロールオーバーすると非課税期間は10年になる

一般NISA、つみたてNISA、iDeCoの比較

	一般 NISA	つみたて NISA	iDeCo（個人型確定拠出年金）
投資対象商品	上場株式、公募株式投信、REIT、ＥＴＦなど	公募株式投信のうち一定要件を満たすもの（※1）	預金、保険商品、投資信託
投資方法	一括購入・積み立てのいずれも可	積み立てに限定	積み立て（年払い等も可）
各年の非課税枠	120 万円	40 万円	14 万 4000 円から 81 万 6000 円まで（属性による異なる）
非課税で保有できる期間	最長５年（ロールオーバーで最長 10 年）	最長 20 年	70 歳になるまで
売却した枠の再利用	できない		できる
税優遇 拠出時	なし		掛金は全額「所得控除」
税優遇 運用時	売却益、配当・普通分配金が非課税		非課税（※2）
税優遇 給付時	なし		課税（税制優遇あり）
引き出し	自由		原則 60 歳まで引き出し不可
投資できる人	20 歳以上の居住者		●自営業・専業主婦（夫）：20 歳以上 60 歳未満●会社員・公務員：60 歳未満（※3）

※1：一部ETFも対象に
※2：資産に特別法人税がかかるが、2020年3月末まで凍結。過去は延長されてきた
※3：企業型DCは一定の条件を満たせば65歳まで加入できる。個人型は拠出に係る年齢制限。70歳になるまで運用継続は可能

第5章

納得できる正しいアクティブ投信の選び方

日本で売られている投信の88%がアクティブ投信

第5章ではアクティブファンドについてみていきます。図5-1に株式投信の商品分類別の内訳を示しました。2018年5月末時点で、ETFを除く株式投信は5857本あります。そのうち、インデックス投信は729本で全体の12%程度。残りの約5128本(全体の約88%)はアクティブファンドですから、本数では圧倒的にアクティブファンドが多いのが現状です。一方、パッシブ運用の広まりを受けて、アクティブファンドの残高は低下傾向にあります。

第4章では資産形成の土台づくりにはインデックスファンドが適していますよ、というお話をしました。ただ、インデックスファンドはマーケット全体に投資するため、これから成長し経済発展に役立つような企業、社会的な課題を解決する会社、ゆるぎない事業を構築している会社などを発掘し、そこに絞って資金を投下することはできません。企業価値がさほど高くない会社もまとめて買ってしまうため、銘柄を選別する機能や合理的な価格形成が損なわれるという指摘もあります。ですから、そうした機能を持つアクティブファンドとインデックスファンドは本来、両輪の関係(どちらも必要)にあります。

もっとも、アクティブ投信なら何でもよいか、というとそれは別の話です。それについては次ページ以降でお話したいと思います。

5-1 本数ではアクティブファンドが88%を占める

●株式投信の商品分類別内訳

地域	資産	純資産総額（億円）	ファンド本数（本）
国内	株式	423,509	1,031
	債券	28,716	215
	上場不動産投信	36,190	126
	その他	146	4
	資産複合	6,109	68
海外	株式	79,010	848
	債券	112,642	1,248
	上場不動産投信	39,228	221
	その他	6,593	182
	資産複合	16,370	192
内外	株式	88,688	379
	債券	37,615	347
	上場不動産投信	14,210	91
	その他	6,245	137
	資産複合	87,494	948
株式投信合計		982,767	6,037
株式投信（除くEFT合計）		**648,984**	**5,857**

全体でみると
アクティブファンドが
多いです
このうちインデックス
投信は729本

出所：「投資信託の主要統計　2018年5月」（一般社団法人投資信託協会）より著者作成

目標とする指数（ベンチマーク）に勝てるアクティブファンドは少数派

アクティブファンド全体をみると、必ずしもよい成績をおさめているわけではありません。

図5-2をご覧ください。これは日本で運用されているアクティブファンドの10年間の成績を、対象とする指数（ベンチマーク）と比較したものです。グラフは指数を下回る成績しか残せなかった投信の比率を示しています。指数を下回るアクティブファンドの比率の高さに驚いた人も多いかもしれませんね。

日本株に投資をする投信は比較的善戦していますが、米国株や（日本を含む）グローバル株式、新興国株式など、主に海外の株式に投資をする投信は指数を下回る投信の割合がとても高くなっています。

ここからもわかるように、継続的に目標とする指数を上回る成績をあげ続けることができるアクティブファンドはじつは少数派なのです。こうした現実を踏まえた上で、それでもアクティブファンドを選ぶなら、インデックスファンド以上にしっかりとその投信の運用スタイルや中身、実績をみる必要があります。逆にいえば、その手間をかけたくない人はインデックスファンドを保有すれば十分です。

5-2 目標とする指数（ベンチマーク）に負けたアクティブファンドの比率

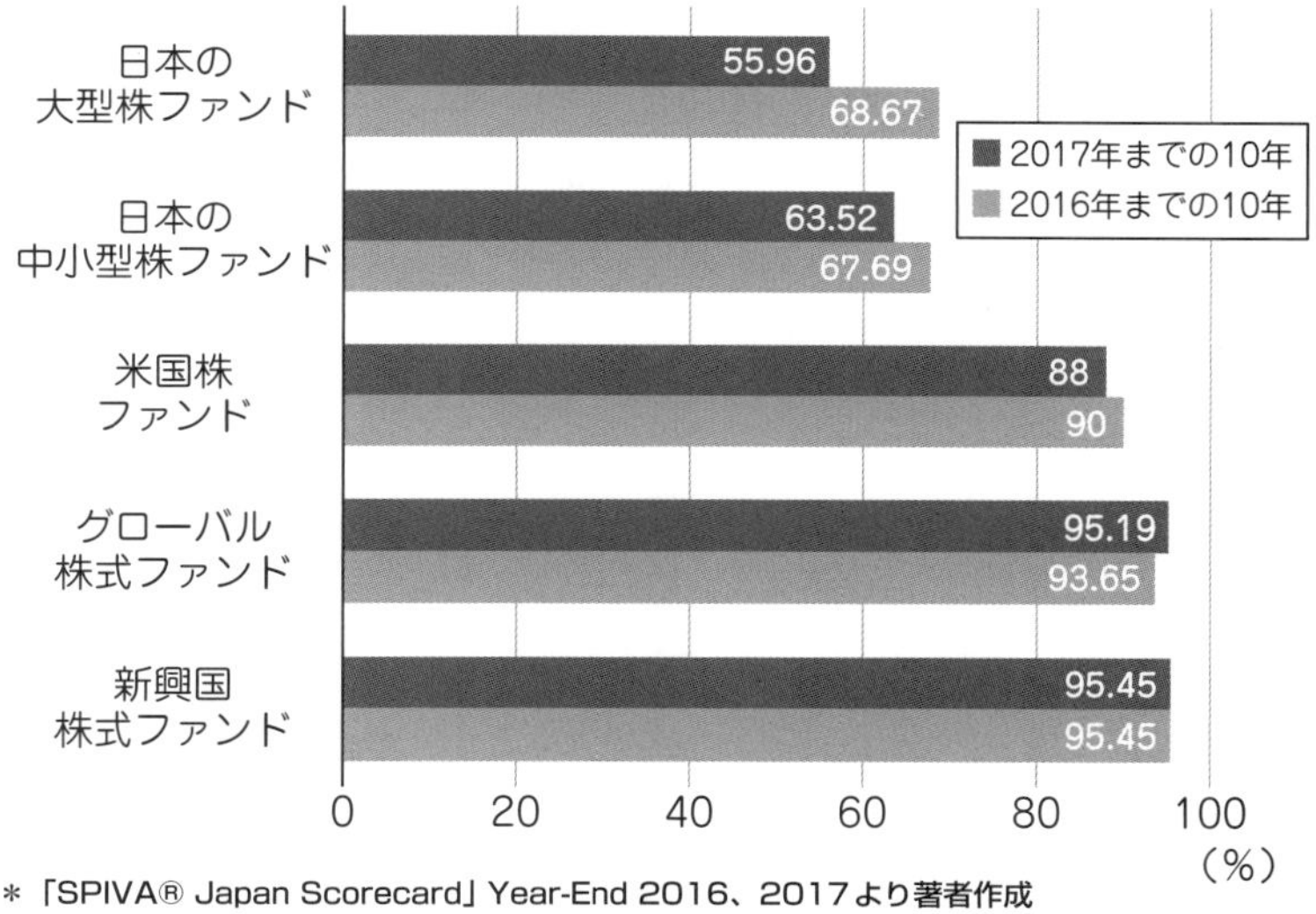

＊「SPIVA® Japan Scorecard」Year-End 2016、2017より著者作成
＊ 比較した指数：日本の大型株はS&P/TOPIX 150指数、日本の中小型株指数はS&P 日本中小型株指数、米国株式ファンドはS&P 500、グローバル株式ファンドはS&P グローバル1200指数、新興国株式ファンドはS&P エマージング BMI指数

じつは多い〝なんちゃって〟アクティブファンド

本来、アクティブファンドは「指数にとらわれない」個性的な運用を行うはずです。ところが、アクティブファンドを名乗りながら、実質的な運用はパッシブ運用の投信とあまり変わらない運用をしている投信もたくさんあります。「隠れパッシブファンド（英語ではクローゼット・インデックス・ファンド）」と呼ばれます。

具体的には、「投資している会社がインデックスファンドと似たり寄ったり」「基準価額がベンチマーク（目標とする指数）とほとんど同じように動いている」「それなのに、運用管理費用（信託報酬）が高く、目標とする指数にずっと負けている」というような商品をさしています（図5-3）。

こうしたアクティブファンドは持つ意味がありません。

今では、単純にアクティブファンドの平均とパッシブファンドの平均を比較すると、アクティブファンドの平均はコスト分くらいパッシブの平均に負けることがわかっています。その要因のひとつはこのような隠れパッシブが含まれているという背景もあります。

アクティブファンドに興味がある人は、まずは「隠れパッシブ運用」の投信を除外することからスタートするのがよさそうです。

5-3 こういうのは避けたい

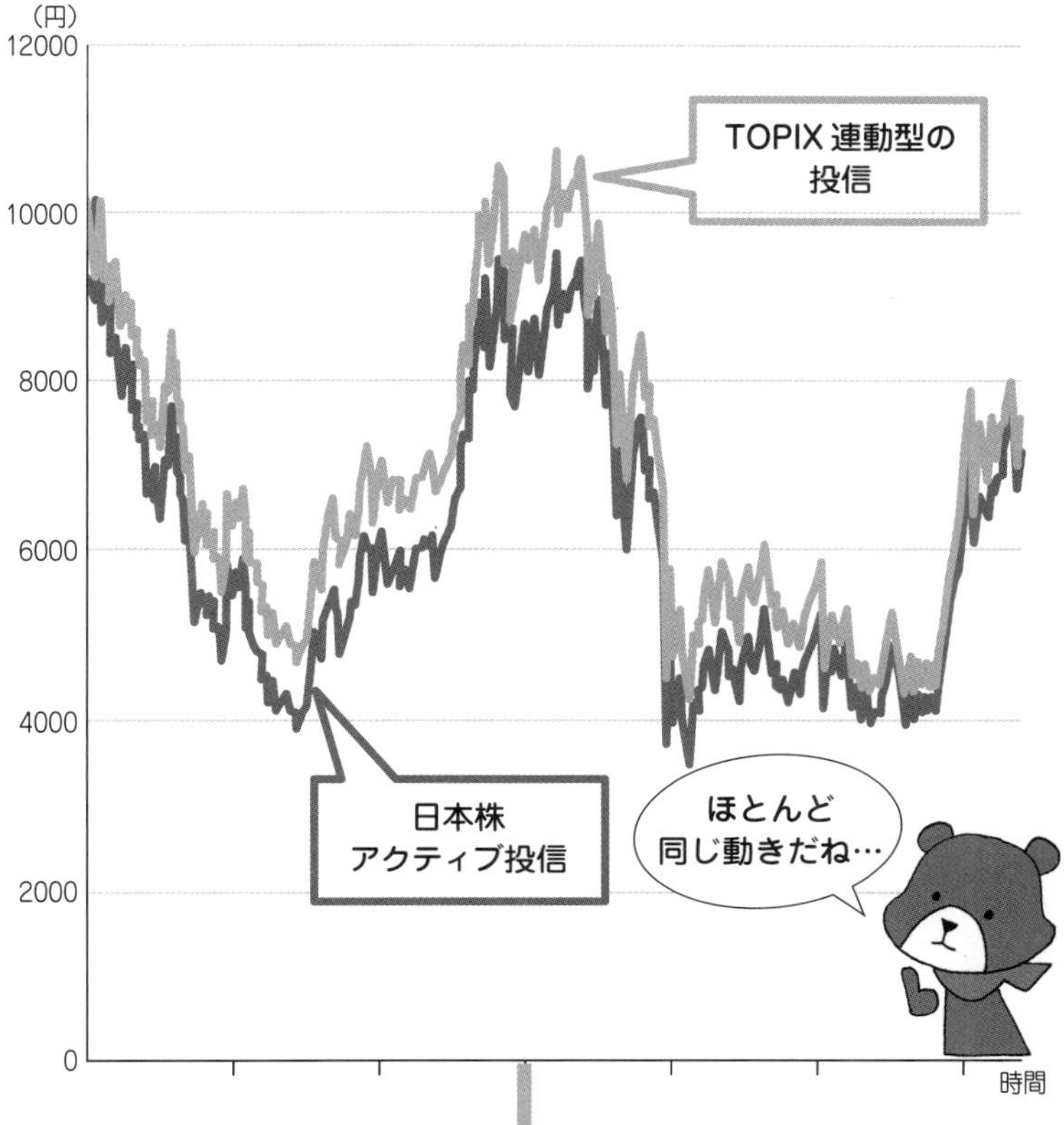

高コストの日本株アクティブファンドとTOPIX連動型投信の基準価額の推移。ずっと似たような動きをしている。そして、手数料分だけアクティブファンドが負けている。

「アクティブ・シェア」は隠れパッシブを見分ける指標

〝隠れパッシブ〟のアクティブファンドを除外するための指標として注目されているのが「アクティブ・シェア」です。

アクティブ・シェアというのは投信の中身（その投信が保有している銘柄や割合）がベンチマークとどれだけ異なるかを示す指標のことで、「％」で示されます。アクティブ・シェアが０％だとベンチマークと全く同じポートフォリオ（組み入れている会社や比率が同じ）、逆に、アクティブ・シェアが１００％の投信はベンチマークと重複していないということを意味しています。ですから、この数値が高いほど、投資する会社を独自に厳選していて、アクティブ度が高いことを示しています（図5-4）。

一般にアクティブ・シェアが60％未満だと隠れパッシブとみなされ、60〜80％だとアクティブ度合が相応に高く、80％を超えるとアクティブ度合が極めて高いと評価されます。インデックスファンドの場合は、目標とする指数とほぼ同じ会社を保有しているわけですから、アクティブ・シェアは0％にかなり近くなります。

アクティブ・シェアが高いから必ず好成績というわけではありませんが、隠れパッシブを取り除く、という意味では参考になる指標です。アクティブ・シェアを公開している会社もありますが、まだ一部です（＊）。気になる方は運用会社に質問してみてもいいでし

5-4 アクティブ・シェアのイメージ

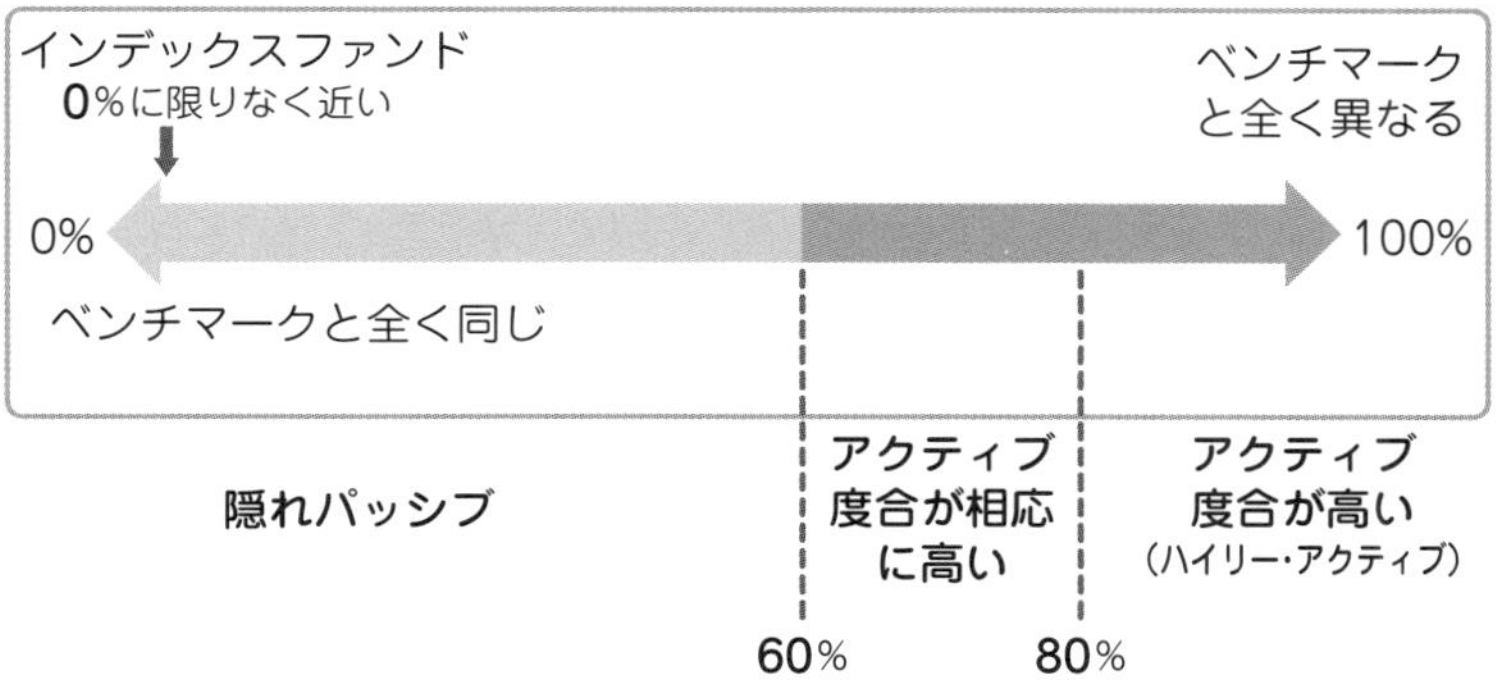

※2006年に、当時イェール大学の研究者だったアンチ・ペタジスト氏とマーティン・クレマーズ氏が提案したアクティブ運用の新しい評価方法で、ポートフォリオの保有銘柄がベンチマークとどれだけ異なるかを示す指標

ょう。

簡便な方法としては、アクティブファンドが保有している上位10銘柄と、対象となっている指数の構成銘柄の上位を比較してみるという方法もあります。それをみて同じような会社が並んでいる場合には購入を見送ったほうがよいかもしれません。

＊ポートフォリアやレオス・キャピタルワークスなどの運用会社では、運用する投信の「アクティブ・シェア」を月次レポートや交付運用報告書で公表している。計算式は公表されているので、その気になれば投信の運用報告書のデータから個人でも算出可能。米国にはアクティブ・シェアを調べることができるwebサイトもある(ActiveShare.info)

アクティブファンドは「5つのP」で確認しよう

アクティブファンドはインデックスファンドに比べて投信選びのモノサシが少しふえます。具体的には次の5つになります。

①Philosophy（投資哲学）
確固たる投資哲学に基づいた運用スタイルを持っているか

②Process（投資プロセス）
投資対象の選定プロセスが明確に示されているか、①投資哲学を体現するようなプロセスが構築されているか

③Portfolio（ポートフォリオ）
①投資哲学、②投資プロセスに沿ったポートフォリオを構築しているか

④People（人材）
運用体制はどうなっているか、運用担当者の経歴は開示されているか。人材が定着しているか

⑤Performance（パフォーマンス＝運用実績）
過去の運用実績（リスクやリターン、運用効率など）はどうか。運用方針と整合性が

とれているか

この①から⑤を冷静に、そして、総合的にみることが大切です。社長やファンド・マネジャーの話を聞いて「理念に共感したから」とすぐに購入を決めてしまったり、あるいは目先の成績だけに飛びついてしまったりするケースもありますが、どちらも誤りです。

たとえば、同じ日本株に投資する投信でも、どんな運用方針で、どんな企業に、どういう投資プロセスを経て投資をするのか。集中投資なのか幅広く投資するのか、値動きは大きいのか小さく抑えるのか、購入した会社は持ち続けるのか・頻繁に入れ替えるのか、銘柄を入れ替えるのはどんな時か、組入上位銘柄が大きな比率を占めるのか・ほぼ均等に持つのか、現金を持つのかフルインベストメントか、現金を持つ場合は柔軟に比率を変えるか否か、上昇相場に強い・下げ相場に強いのか――等々、特徴は異なります。どちらがいい・悪いではなく、特徴が明確であること、そしてブレないことが大事です。

逆にいえば、①から④までをきちんと理解していれば、かりに短期的に⑤成績が奮わなかったとしても慌てて解約するといった事態にはならないはずです（もちろん、①から④が変わってしまった場合は別です）。

次ページから「5つのP」を使って、交付目論見書や月次レポートなどをみながら、ポイントをチェックしていきましょう。

➡情報開示資料で「5つのP」をチェック！

交付運用報告書などをみて、5つのPをチェックしてきましょう。交付目論見書は運用会社のホームページ、投資信託協会のホームページ「投信総合検索ライブラリー」などで入手できます。

●交付目論見書を読む

①投資哲学と②投資プロセスについては、交付目論見書の「委託会社情報」や「ファンドの目的・特色」のところに記載されています（142・143ページ図5-5①と②）。①投資哲学や運用理念は明確に書かれているでしょうか。投資哲学とは、どのような考え方で運用を行うのかというアクティブファンドでは根幹の部分になります。②投資プロセスはどういう基準で投資する会社を選定するのか、その選定プロセスはしっかり説明されているでしょうか。

もう少し詳しく知りたい場合には「請求目論見書」に目を通してもいいかもしれません。

⑤運用実績は「基準価額の推移」や「年間収益率の推移」をみましょう（145ページ図5-6⑤）。年間収益率の推移をみるときには、どのくらい上がったかというよりも、「どのくらい下がることがあったか」をみていくことが大切です。

また、「参考情報」ではその投信と代表的な資産クラスとの騰落率の比較をみます（図

5-7⑤)。次ページからの例は日本株の投信なので、日本株(TOPIXを指標)と比べてみます。すると、TOPIXと同程度上昇し、下げ幅はTOPIXよりも小さいことがわかります。つまりこの投信は相場の下落局面では下げ幅が限定的だったことがわかります。

●運用会社のホームページを併せて確認する

ホームページに①投資哲学、②運用プロセスなどが記載されている会社もあります。最近は運用担当者が投資哲学・運用スタイル、投資プロセスなどについて説明する動画を配信している運用会社もあります。一部の運用会社では社長や運用担当者が写真を掲載して、経歴などを記載している場合もあります。

●運用報告書や月次レポートをみる

交付目論見書に記載された①投資哲学、②投資プロセスに沿った、③ポートフォリオ=中身(国や地域、銘柄など)になっているかどうかを月次レポートや運用報告書で確認しましょう。頻繁に会社を入れ替えるのか、それともじっくり腰をすえて長期で保有するタイプなのかなども、定期的にみていくとわかります。

また、月次レポートでは、運用担当者が名前を出して、投資先を選んだ理由・売却した理由を説明したり、今後の方針を語ったりしているケースもあります。こうした開示姿勢には注目しましょう。

②投資プロセス（Process）

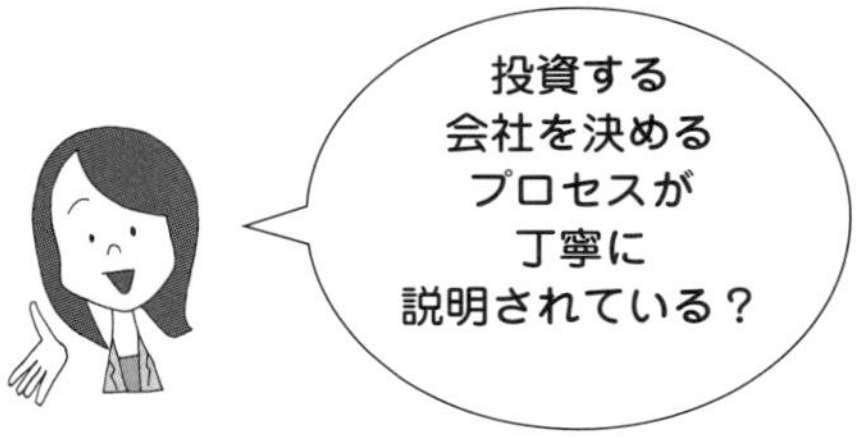

■ **投資プロセス** ■

Step 1
企業訪問や調査活動を通じて、
投資仮説や投資アイデアを検討

Step 2
3つの着眼点から企業の実態価値を計測

Step 3
実態価値と市場価値（株価）の差、
バリュー・ギャップを計測

バリュー・ギャップを埋める要因
- BRICsなど新興国の経済成長
- 新興国やオイルマネー等の新たな外国人投資家の台頭
- グローバルなブランド価値の認知

投資する会社を
どうやって決めて
いるかがわかります

5-5 交付目論見書を見ながらチェック！〜その1

●スパークス・新・国際優良日本株ファンド（愛称：厳選投資）
（スパークス・アセット・マネジメント）の例

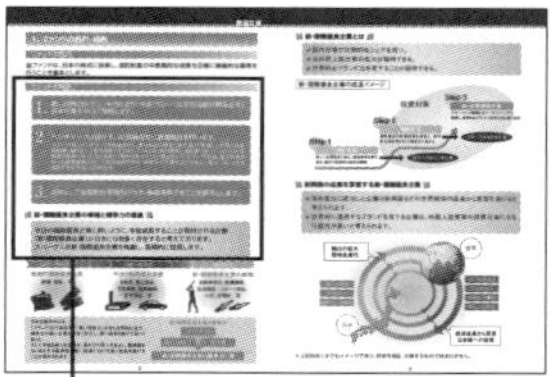

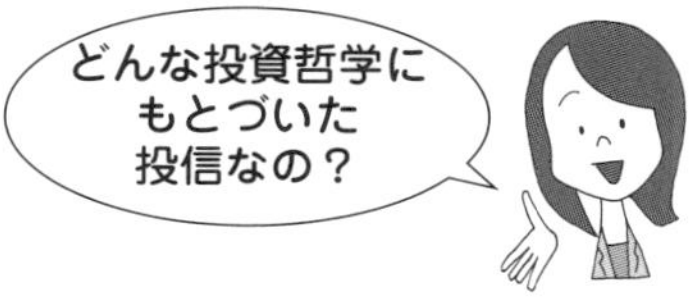
どんな投資哲学にもとづいた投信なの？

①投資哲学（Philosophy）

1. ファンドの目的・特色

ファンドの目的

当ファンドは、日本の株式に投資し、信託財産の中長期的な成長を目標に積極的な運用を行うことを基本とします。

ファンドの特色

1. 高い技術力やブランド力があり、今後グローバルでの活躍が期待出来る日本企業を中心に投資します。

2. ベンチマークは設けず、20銘柄程度に厳選投資を行います。
当ファンドは、ベンチマーク等を意識せず、弊社独自の調査活動を通じて厳選した少数の投資銘柄群に絞り込んで集中投資することとしているため、個別銘柄への投資において、当ファンドの純資産総額に対して10%を超えて集中投資することが想定されています。そのため、集中投資を行った投資銘柄において経営破綻や経営・財務状況の悪化などが生じた場合には、大きな損失が発生することがあります。

3. 原則として短期的な売買は行わず、長期保有することを基本とします。

新・国際優良企業の候補と競争力の源泉

今日の国際優良企業と同じように、今後成長することが期待される企業（新・国際優良企業）が日本には数多く存在すると考えております。
スパークスは新・国際優良企業を発掘し、長期的に投資します。

⑤パフォーマンス（Performance）

基準価額・純資産総額の推移、分配の推移

■基準価額・純資産総額の推移

当初設定日（2008年3月28日）～2018年4月27日

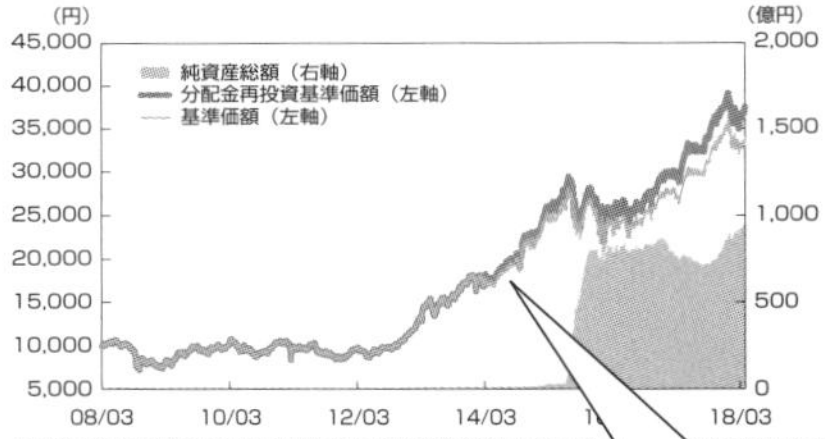

※分配金再投資基準価額は信託報酬控除後のものであり　前の分配金を再投資したものとして計算したものです。

基準価額の推移がわかる

■基準価額と純資産総額

基準価額（1万口当たり）	33,834円
純資産総額	962.6億円

■分配の推移（1万口当たり、税引前）

2018年3月	500円
2017年3月	500円
2016年3月	500円
2015年3月	500円
2014年3月	500円
設定来累計	2,500円

年間収益率の推移

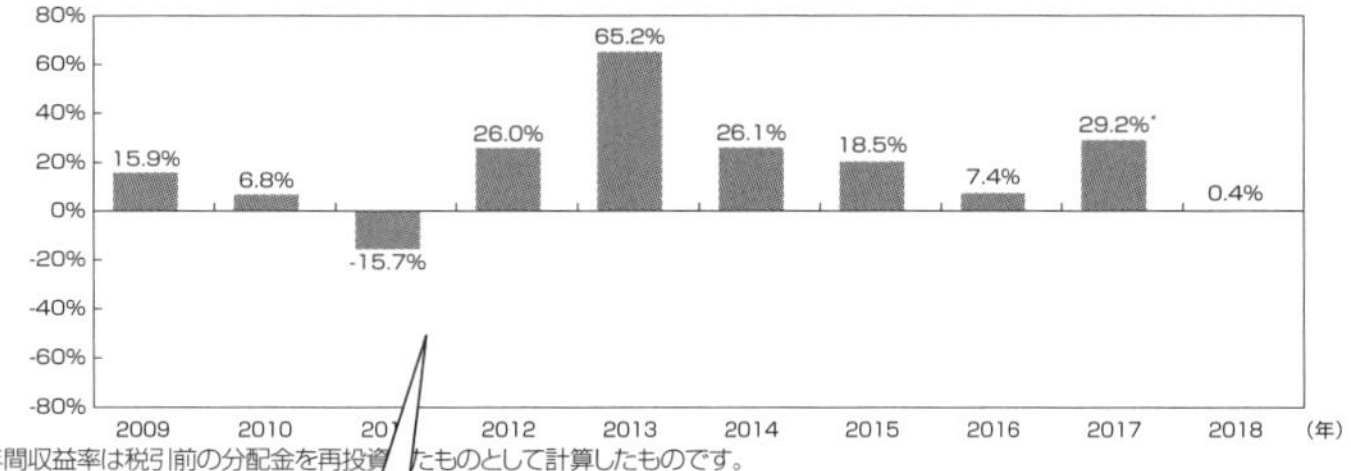

※年間収益率は税引前の分配金を再投資　たものとして計算したものです。
※2018年は1月1日から4月末までの　益率を表示しています。
※当ファンドにベンチマークはありませ　。

※上記の運用実績は過去のもので　り、将来の運用成果等を予想あるいは保証するものではありません。
※最新の運用実績については別　示しており、表紙に記載の委託会社ホームページにおいて閲覧することができます。

過去10年の年間収益率の推移がわかります

5-6 交付目論見書を見ながらチェック！～その2

具体的にどのような
会社に投資している
かがわかります

③ポートフォリオ（Protforlio）

主要な資産の状況

■資産配分

資産の種類	比率
株式	96.1%
キャッシュ等	3.9%

■組入上位10銘柄

	銘柄名	業種	比率
1	ソフトバンクグループ	情報・通信業	11.2%
2	テルモ	精密機器	8.9%
3	花王	化学	8.8%
4	日本電産	電気機器	7.0%
5	リクルートホールディングス	サービス業	6.9%
6	ミスミグループ本社	卸売業	6.2%
7	ユニ・チャーム	化学	6.2%
8	ロート製薬	医薬品	6.1%
9	キーエンス	電気機器	5.9%
10	三菱商事	卸売業	5.6%

■組入上位10業種

	業種	比率
1	化学	14.9%
2	電気機器	12.9%
3	卸売業	11.8%
4	情報・通信業	11.2%
5	精密機器	8.9%
6	小売業	8.0%
7	サービス業	6.9%
8	医薬品	6.1%
9	食料品	5.6%
10	その他製品	5.2%

※比率はファンドの純資産総額に対する当該資産の時価の比率です。

④人材（People）「マンスリーレポート」

【運用担当者のコメント】

◆株式市場の状況

2018年5月、日本株式市場の代表指数であるTOPIX（配当込み）は前月末比1.67%の下落となりました。

当月前半は、「地政学的リスク」に落ち着きが見られる中で、為替が円安ドル高となったことなどが支えとなり、日本株式市場は堅調に推移しました。月後半になると米国が自動車に対しての輸入関税を検討し始めたことによって、自動車関連株が下落しました。また、米国が北朝鮮との首脳会談中止を発表したことや、イタリアでの政情不

この投信では「マンスリーレポート」や運用報告書を読むと運用担当者の考え方がわかる。ホームページには投信の特設ページがあり、運用担当者の動画も観られる。

運用体制や
運用者の
コメントを
チェック！

⑤パフォーマンス（Performance）続き

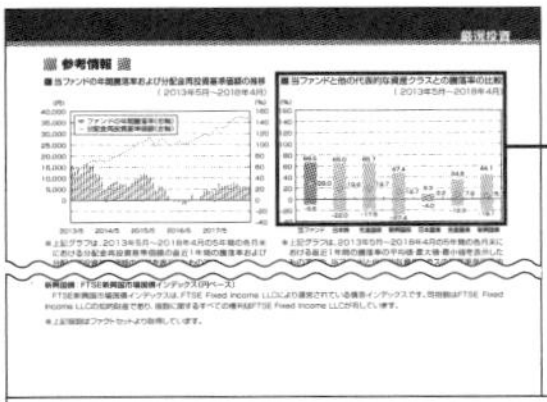

■当ファンドと他の代表的な資産クラスとの騰落率の比較
（2013年5月～2018年4月）

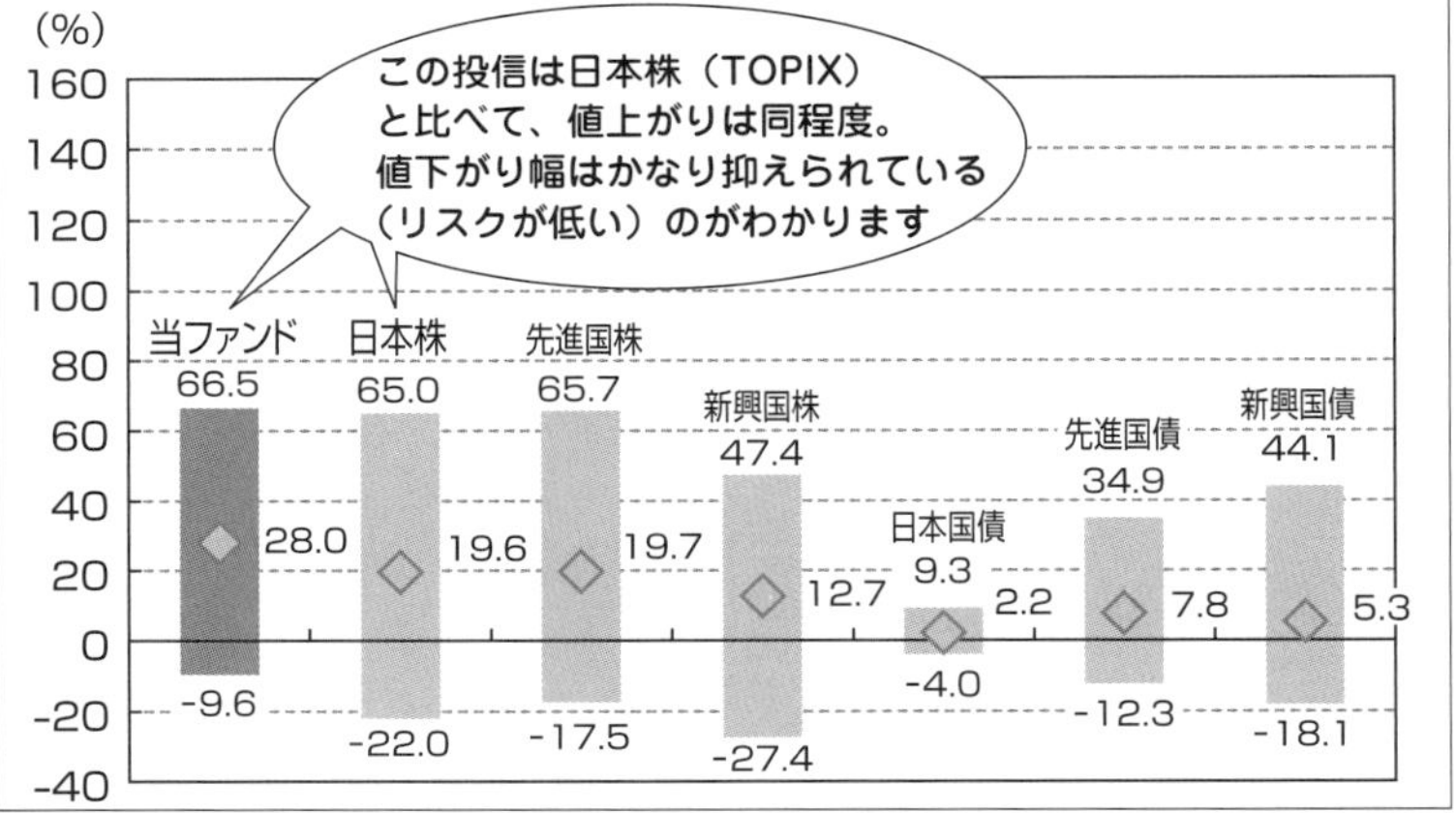

※2013年5月から2018年4月の5年間における、1年間の騰落率の平均・最大・最小を投信がほかの代表的な資産クラスと定量的に比較できるようにしている。各資産クラスは代表的な指数を使用。

●投信評価会社のサイトをみる

⑤運用実績は運用報告書や投信の評価サイトをみます。アクティブファンドはトータルリターンやリスク、シャープレシオ（148ページ）などを参考にしましょう。

トータルリターンをみると、よい運用成績をあげているかどうかがわかります。その際、「なるべく長い期間でみる」「半年ごと、1年ごとというふうに期間ごとにみる」ことをおすすめします。また、併せてリスクも確認しましょう。一般に、少ない銘柄に集中投資する投信は価格変動が大きいといわれますが、必ずしもそうとは限りません。厳選投資していても、長期的に市場全体に投資するインデックスファンドよりもリスクの低い（値動きの幅が小さい）投信もあります。その辺は個別に商品をみることが必要です。

もっとも、運用成績はあくまでも過去のもの、将来を予測するものではありません。あくまでも①から④とのセットで考えましょう。

●運用会社のセミナーに参加する

直販の運用会社では定期的にファンド説明会を実施しています。気になる場合には、参加して①から⑤について直接質問するという方法もあります。投信の決算後に運用報告会を行う会社もあるので、投信を保有している人は運用方針にぶれがないか。参加して確かめることをおすすめします。直販以外の運用会社でもネットで動画配信を行う投信もあります。

運用の安定度をみる「シャープレシオ」

運用成績をみるときに「リターン」ばかりに目が向きがちですが、シャープレシオという指標にも目を向けましょう。

投信を選ぶときには、「同じリターンならリスクの低いほうを選ぶ」「同じリスクならリターンの高いほうを選ぶ」というのが原則です。ただ、実際には商品ごとにリスクやリターンはマチマチなので、比較するのがむずかしいのが現状です。

そこで、複数の投信を比較するときに使われるのが「シャープレシオ」という指標です。要は「そのリターンを得るためにどのくらいのリスクを取っているかをはかる指標」です。一般に数値が大きい投信のほうが「運用効率がいい」といわれます。

リターンからリスクフリーレート（元本保証された商品から得られる利回りのこと）を差し引いた数値をリスクで割って計算されます。リスクフリーレートを差し引くのは投信という価格が変動する商品を買う以上、リスクを取らないで得られる収益よりはいい収益をあげてね、ということです。（2018年6月末現在、リスクフリーレートはほぼ0）。

図5-8をご覧ください。過去10年のシャープレシオをみると、A投信が0・91、B投信が0・28なので、数値の大きいA投信のほうが効率的に運用されているのがわかります。ちなみにB投信のほうが多くの人に販売されています。

5-8 シャープレシオは数値が高いほど優秀

A投信

年	1年	3年（年率）	5年（年率）	10年（年率）
シャープレシオ	2.74	0.86	1.68	0.91
順位	2位	1位	1位	1位
ファンド数	205本	164本	123本	102本

B投信

年	1年	3年（年率）	5年（年率）	10年（年率）
シャープレシオ	1.37	0.43	0.79	0.28
順位	80位	44位	47位	71位
ファンド数	205本	164本	123本	102本

シャープレシオが高い方が優秀！

ただし、シャープレシオをみる上ではいくつか注意点があります。

ひとつ目は同じ分類、同じカテゴリーの投信で比較するということ。たとえば、日本株に投資する投信と、新興国株に投資する投信を同列で比較しても意味がありません。

2つ目の注意点はリターンがマイナスのときにはふだんと逆の現象が起きてしまうということです。つまり、リターンがマイナスの2つの投信を比較すると、運用効率の悪い投信の数値のほうが高くでてしまうのです。この場合、シャープレシオだけでなく、リスクやリターンなどの数値も併せて確認することが必要です。

豊富なデータがいっぱいの「投信の情報・評価サイト」を使いこなす

投信選びでは、投信の情報が取れるサイトを活用することをおすすめします。

● モーニングスター

● 投信資料館

などが代表的なものです。

サイトは複数の商品を比較したり、用語を調べたりするのに向いています。たとえば、モーニングスターでは、期間ごとの同分類における運用成績の比較などができます。

また、「資金の流出入」（図5-9）もわかります。月次レポートなどで純資産総額の推移は確認できますが、純資産総額は基準価額と受益権総口数をかけたものなので、相場が悪いときにはそうふえないこともあります。そこで、「資金の流出入」（投資家が投信を購入した金額から解約した金額を引いた金額。安定的に資金が入ってきているのか、出ていっているのかがわかる）を併せてみておきましょう。積み立てしている人が多かったり、確定拠出年金用としても利用されていたりすると、資金が安定的に入ってくることが多いようです。また、投信を販売している金融機関の数なども確認しておくと安心です。

運用会社のトップや運用担当者のインタビューなどを掲載しているサイトもあります。投資哲学や運用スタイルなどを理解する上で参考になります。

5-9 評価サイトを使って資金の流出入をチェック

●月間の資金の流出入（イメージ）

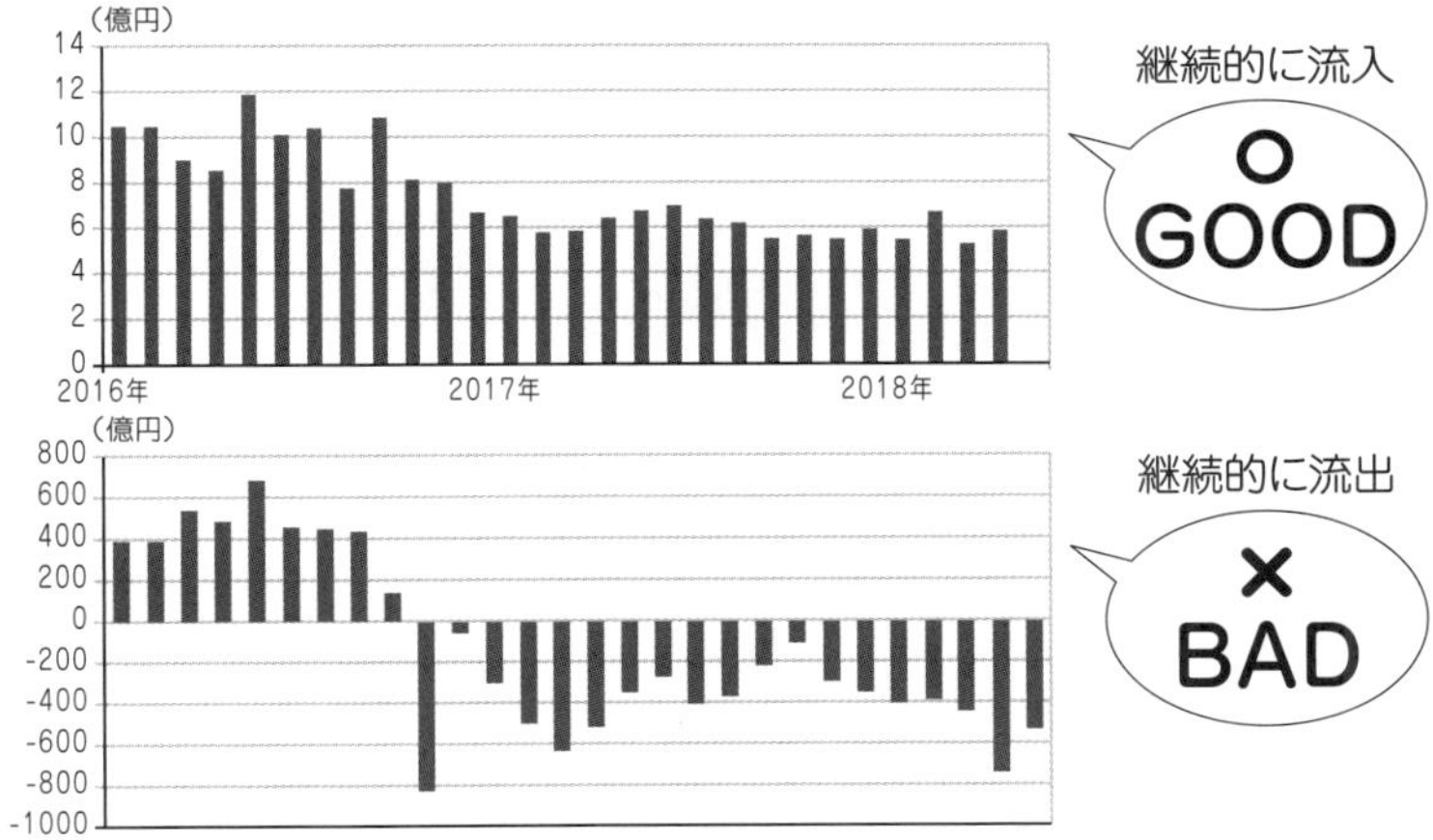

新規設定ではなく「ご長寿投信」に注目！

日本では「今売れる投信」を毎月大量に発売したり、似たような投信がたくさん売りだされたりしています。けれど、**投信の場合、〝新発売〟のものを買うのは多くの場合、おすすめできません。**投信は新規設定のものではなく、運用実績のあるものの中から選びたいものです。

投信を買うということは「自分に変わって、代理人にお金を運用してもらう」ことです。たとえば、投資哲学や運用スタイルがコロコロ変わる代理人、あるいはひどい運用成績しかだせない代理人に自分のお金を託したいと思いますか？　新規に発売された投信は、そうしたことをチェックすることができないのです。

アクティブファンドの「交付目論見書」をみると、たとえば「がんばってベンチマーク（目標とする指数）を上回る運用をめざします」などと書いてあります。けれど、それはあくまでも目標であり、いわば政治家のマニフェストみたいなもの。本当に実現できるかどうかは、実際の行動をみてみないとわかりません。長い期間運用していて、景気循環の波を経験したもののほうがその投信の「性格」もはっきりみえそうです。

何回かの決算を経て、「投資理念・投資プロセスに沿って運用されているか」「リスクやリターンはどの程度か」などを確認した上で購入を検討しても遅くはありません。

5-10 新しい投信を選ぶのはちょっと待って！

●流行りモノではなく「スタンダードナンバー」を

投信を保有する目的が資産形成なら、流行歌のように、流行りすたりのあるものなどは不向きです。流行りの投信の筆頭は「テーマ型」。これはＡＩやエコロジー、インフラ関連といったテーマを決めて、それに関連した企業を選び、詰め合わせた投信です。たとえばＩＴをテーマとした投信は、１９９９〜２０００年前後のＩＴバブルに数多く設定されました。

１５２ページでも説明しましたが、新規設定の投信は、成績も方針も「目標」だけで、実績が見えません。さらにテーマ型というのはそのときには人気化しているので、株価が上がっていますが、数カ月〜数年で飽きられてしまうことも多く、そうなると株価が下がり、その投信の成績も下がってしまう……というケースが多いのです。

それとは逆に**長期の資産形成に向いているものは、音楽でいえば「スタンダードナンバー」**、ビートルズでもジャスでもいいけれど、ゆったり落ちついていて、ファンが離れないものが長期投資向きといえそうです。ワインも今年つくったものがめちゃくちゃ美味しいということはあまりありません。投信もそれと同じで、じっくり寝かせてあって（これまでの運用実績がある）、過去の運用実績がそれなりで、資産の出入りが激しくない（つまり、安定している）ものを購入していくとよいのです。

5-11 流行りすたりのない“スタンダード”がおすすめ

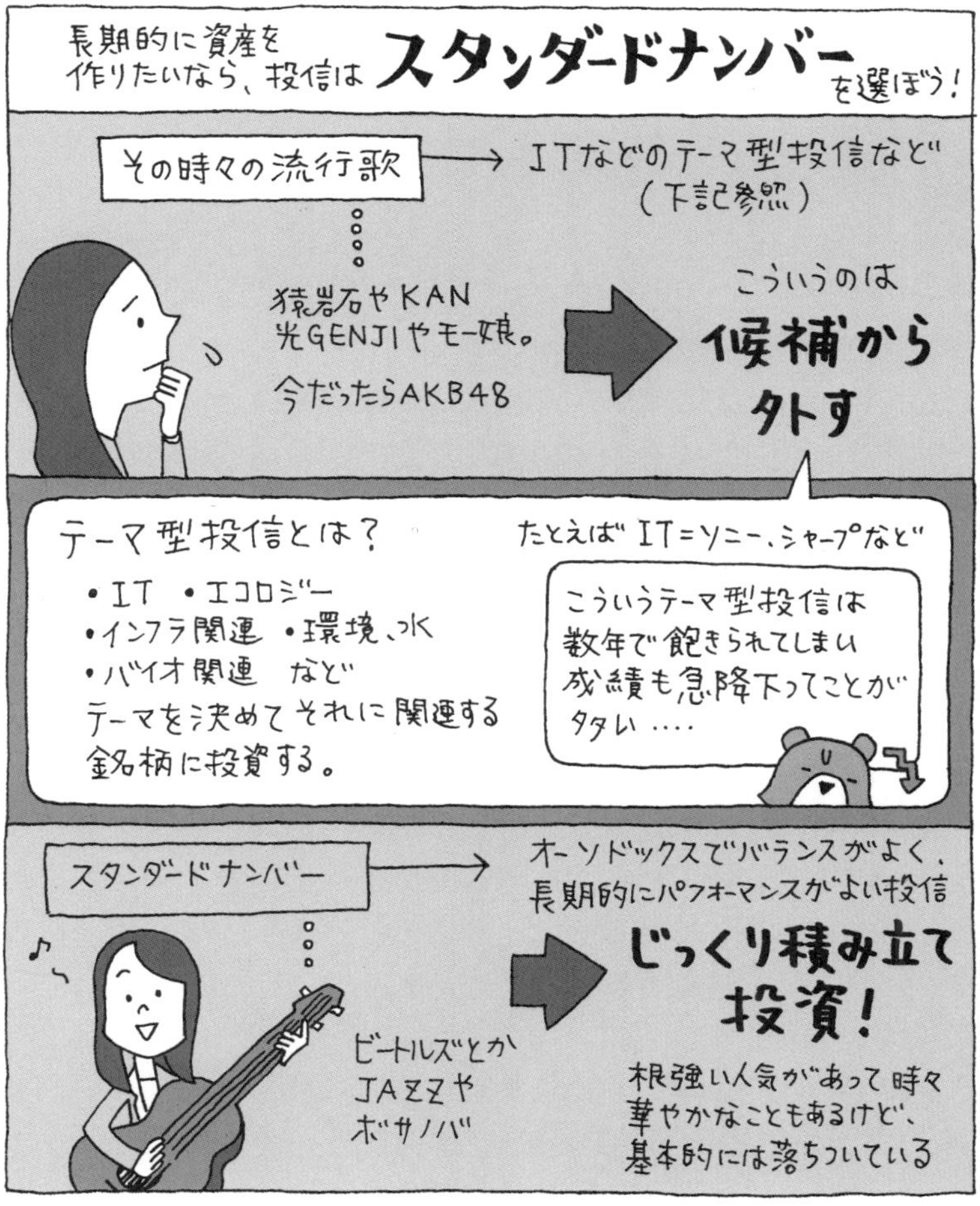

投信の情報開示に注目しよう！

投信を購入したら、月次レポートや運用報告書をしっかり読んでみましょう。徐々にではありますが、運用会社が受益者（投信を保有する人）に向けて、わかりやすい資料をつくろうとする動きが広がってきています。

■月次レポート

投信を購入すると、月に1回、運用状況についてまとめたレポートがメールで送られてきたり、販売会社や運用会社のホームページに公開されたりします。「マンスリーレポート（月次レポート）」「月次運用報告書」など、呼び方は会社によってさまざまですが、購入後の投資信託がどのように運用されているのかを知るよい機会です。たまにでもよいので、読んでみてください。

143ページの例であげたスパークス・アセット・マネジメントの『スパークス・新・国際優良日本株ファンド』は、見た目は地味ですが、運用担当者が「なぜ投資先の会社をいいと思っているのか」をキッチリ伝える内容です。また、この投信やニッセイアセットマネジメントの『げんせん投信』などはホームページに投信の特設ページを開設し、運用担当者の考え方を伝えています。後者のサイトはイラストや写真などを交えて投資先の会社などを紹介するなど、工夫を凝らしています。

『結い2101』を運用する鎌倉投信も、毎月の『結いだより』の巻頭で投資先企業や投資した理由などを詳しく紹介しています。また、『ひふみ投信』などを運用するレオス・キャピタルワークスは毎月報告会を実施し、動画配信などを行っています。

■交付運用報告書

投信の保有者（受益者）になると、半年あるいは年に1回、決算期ごとに送付される（もしくはウェブでダウンロードする）のが「交付運用報告書」です。投信の決算に伴って、その期の運用状況などを報告してくれるものです。

たとえば、ポートフォリアが運用する『みのりの投信』では運用報告に加えて、運用担当者の名前や経歴、社員の自社投信への投資の有無やレンジ（どのくらいの範囲で投資をしているか）、総経費率（トータル・エクスペンスレシオ）なども開示しています。

また、2010年から受益者総会® を始めた鎌倉投信をはじめ、セゾン投信やレオス・キャピタルワークス、コモンズ投信など、直販の運用会社は受益者に向けて運用報告会を開催しています。直販ではありませんが、独立系のGCIアセット・マネジメントも同様です。また、『農林中金＜パートナーズ＞米国株式長期厳選ファンド』（農林中金全共連アセットマネジメント）のように、ネット証券主催で対面の運用報告会を実施するところもでてきています。

投資先の経営者の話や運用担当者の説明を直接聴けるせっかくの機会なので、参加してみるとよいでしょう。最近は販売会社を通して投信を販売している場合でも、Web上で運用担当者が動画などで運用報告を行うケースもあります。

情報開示が素晴らしいから「いい投信」とは限りませんが、少なくてもその投信がどういう投信なのか、持ち続けていいのかを判断するには開示がきちんとしていることが大前提です。

次は買い方だよ！

第6章

投資信託は
こうして買いなさい

投信を「買える場所」はたくさんある。非課税口座を優先！

購入したい投信を決めたら、次に考えたいのは「買う場所」です。ここでいう場所というのは「口座」のことです。

今や投信を買える場所はたくさんありますが、資産形成を考える上では、利益がでても税金がかからない口座、つまり非課税口座を優先的に使いましょう（図6-1）。具体的には企業型DCやiDeCo（個人型確定拠出年金）といった確定拠出年金用の口座、そして、NISA口座（つみたてNISAもしくは一般NISAを選択）です（詳細は第4章末のコラムを参照）。

証券会社や銀行で投信を購入する場合には、特定口座や一般口座で投信を買うこともできますが、それらは課税口座という扱いなので、投信を解約したときに利益がでていると利益から約20％の税金が差し引かれます（＊）。かりに100万円の利益がでていた場合、手元に入るのは約80万円になります。一方、NISA口座では同様に100万円利益がでていても、課税されないため100万円がまるまる受け取れます。

とくに、長期でコツコツ元本を積み上げていく場合には、投信を「どこで」買うかは意識してください。

＊2037年12月31日まで復興特別所得税がかかるため、20・315％となる

6-1 投資信託を買える場所はたくさんある

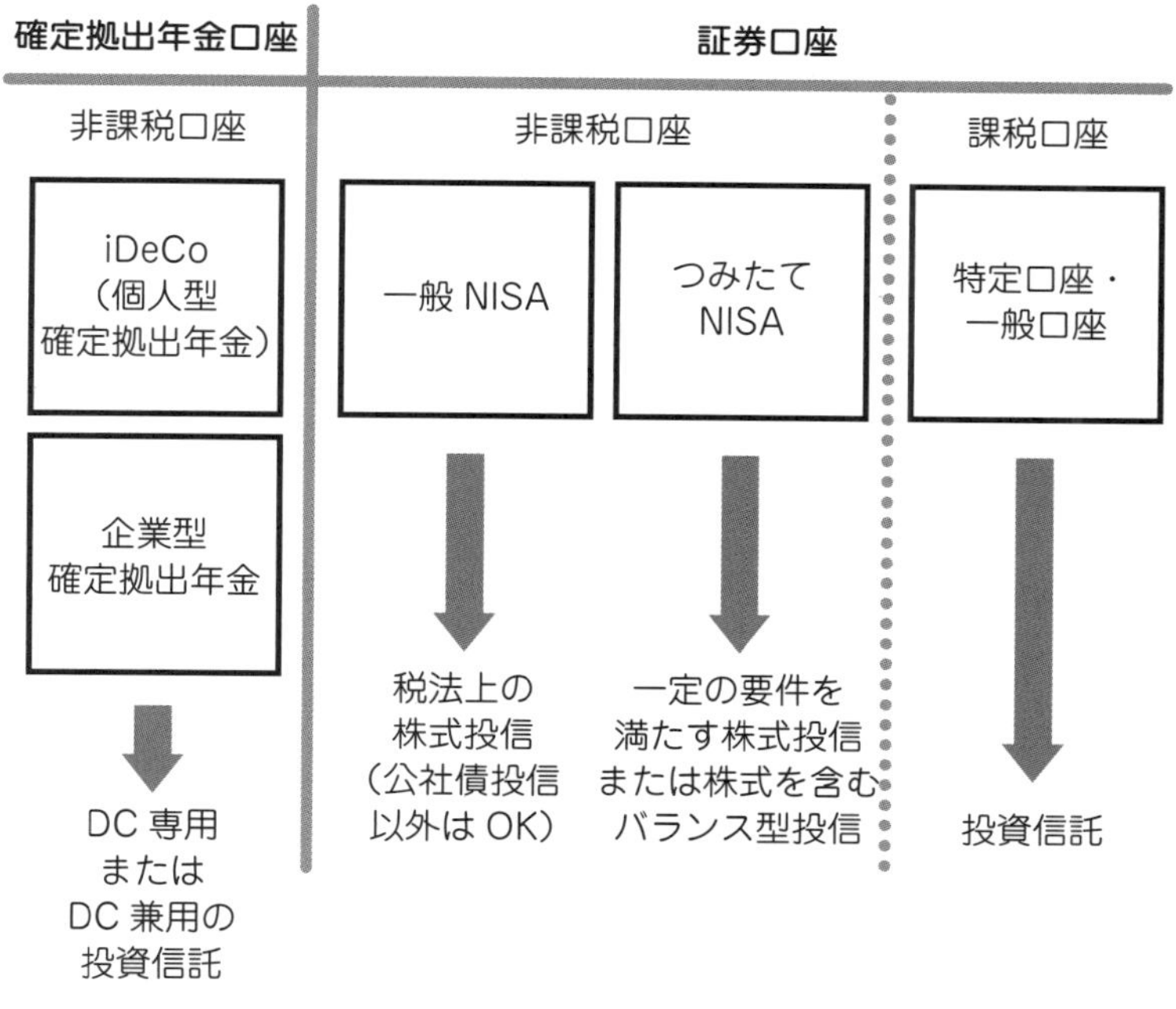
確定拠出年金口座
証券口座
非課税口座
非課税口座
課税口座
iDeCo
（個人型
確定拠出年金）
企業型
確定拠出年金
DC 専用
または
DC 兼用の
投資信託
一般 NISA
税法上の
株式投信
（公社債投信
以外は OK）
つみたて
NISA
一定の要件を
満たす株式投信
または株式を含む
バランス型投信
特定口座・
一般口座
投資信託

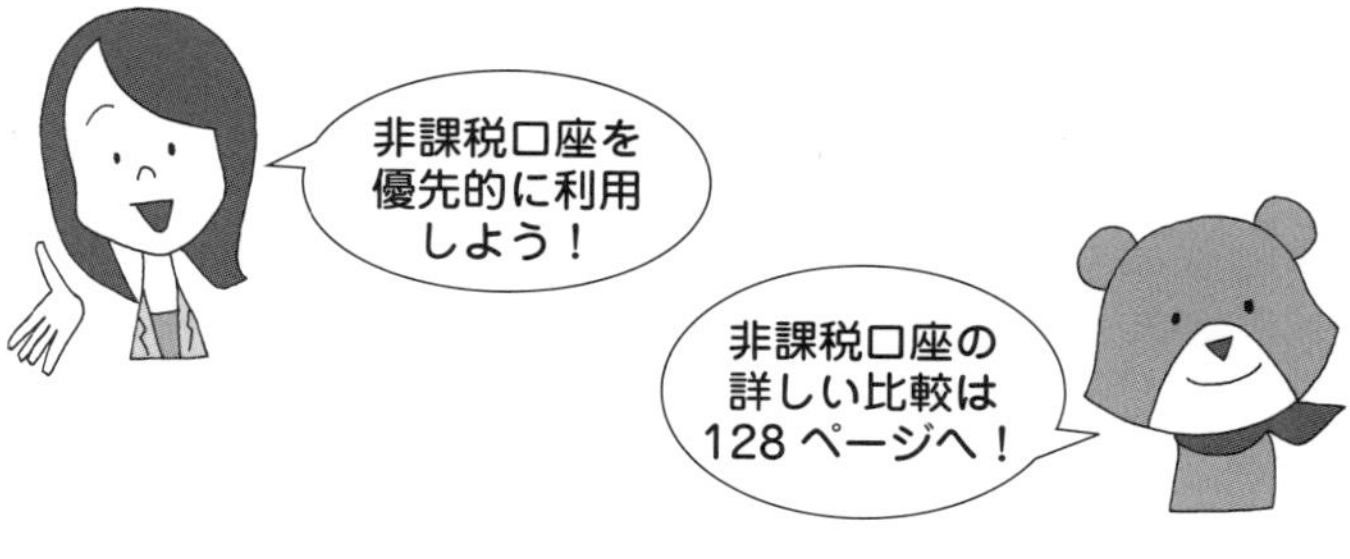
非課税口座を
優先的に利用
しよう！
非課税口座の
詳しい比較は
128 ページへ！

投資信託の買い方は2通り～スポット買いと積み立て

この章では実際に投信を買うためのポイントを紹介していきます。

投信を購入するには2つの方法があります。

1つは「スポット買い」と言って、一括で投信を購入する方法です。こちらは自分で購入する商品と金額を決めて、たとえばネット取引なら、口座にログインしてWeb上で購入します。購入するタイミングも自分で判断することになります。

もう1つは、自動的に投信を購入していく「積み立て」という方法です。毎月一定額ずつ積み立てる設定が多いですが、金融機関によっては毎日や隔月など別の設定ができる場合もありますし、ボーナス時に金額を上乗せできる場合もあります。積み立ての場合、商品と積立額、買付金額を引き落とす銀行口座や証券口座を指定したら、あとは自動的に投信を買い付けていくしくみです。たとえば、大手ネット証券では最低積立金額が100円まで引き下げられ、積み立てをはじめるハードルはかなり下がっています。

4章のコラムでご紹介した企業型DCやiDeCo（＊）、つみたてNISAでは、投信を自動積み立てで購入していくしくみになっています。一般NISAは積み立てでも、スポットでも購入することができます。

＊iDeCoは事前に届出をすれば、年複数回の積み立てのほか、年1回の購入も可能

6-2 自動の「積み立て」だったら、手間なしで続けられる！

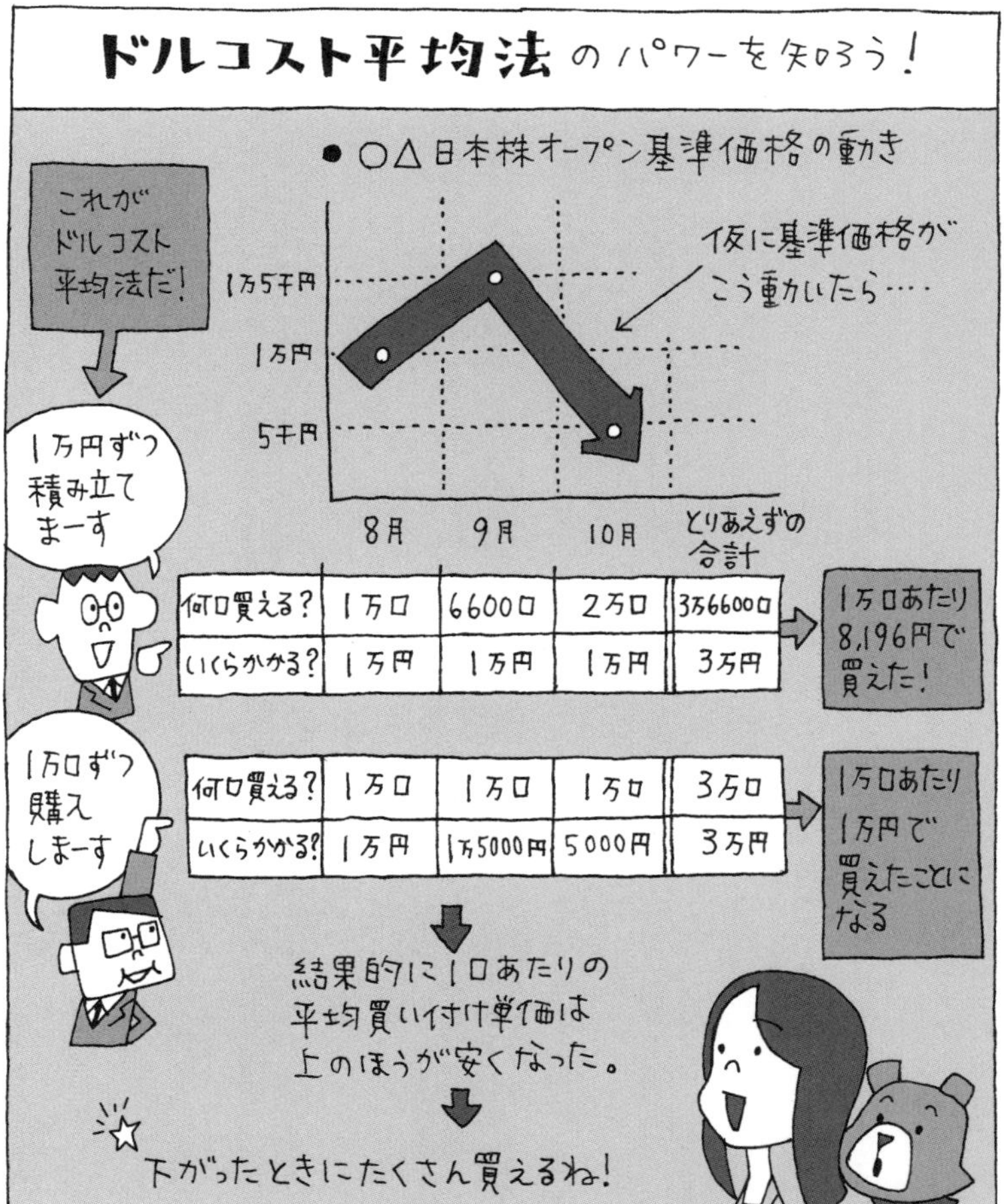

積み立てのメリットは価格の変動に振り回されずに投資を続けられることです。投信の値段は日々変動します。人間はどうしても感情に左右されてしまうので、下がっているときにはこわくてなかなか買えないですし、逆に価格が上昇しているときには「そろそろ下がるかも」と心配になって買えない場合も多いのです。毎月一定の金額を自動的に購入することで、値上がりしているときは少しの口数だけ、値下がりしているときにはたくさんの口数を購入することができます。このように、定期的に一定額を購入していくことを「ドルコスト平均法」といいます（前ページ図6-2）。

たとえば、毎月1万円で投信の積み立てをするとします。この場合、何口分の投信が購入できるでしょうか。答えは「その日の値段によって違う」です。投信は毎日基準価額が変化するので、その値段によって購入できる口数が変わるのです。そのため、毎月同じ金額で投信を購入しても、その月によって購入できる口数は異なります。

第2章の44ページで口数について説明したのを覚えていますか。口数というのは投信を取引するときの単位であり、自分の持ち分を示す単位でしたよね。

少しむずかしいと感じるかもしれませんが、要は「ガソリンを3000円分入れてください」とか、デパ地下で「サラダを500円分ください」というのと同じで、単位を表しているだけなのです。そのときの値段によって、ガソリンもサラダも購入できる分量が変わります。購入できる単位がガソリンならリットル、サラダならグラムですが、投信の場

6-3 スポット買いと積み立ての違い

	スポット買い	積み立て
買い方	・自分で購入する金額・購入タイミングを決める	・毎月など決まったタイミングで一定額を買う
メリット	・好きなときに、買いたい金額で購入できる	・手間がかからず、生活の中に取り入れやすい ・下がったときでも投資が継続しやすい
デメリット	・買うタイミングを迷う ・手間がかかる	・下がり続けると損がふくらむことも ・面白味はない

合にはそれが口数になるというわけです。

具体例をみてみましょう。Aという投信を毎月1万円分ずつ積み立てで購入していくとき、投信の基準価額が1万口当たり8000円の月には1万2500口買えます。基準価額が1万口当たり1万2500円の月には8000口しか買えません。基準価額が下がっているときにはたくさんの口数が買えるわけですから、むしろ〝お買い得〟くらいに思って、積み立てを続けられるといいですね。

もっとも、ドルコスト平均法は万能なわけではありません。購入する商品を誤ると下がり続けることもありますし、リスクの集中を招くこともあります。第4章で説明したように世界全体に投資を行うというのが大前提になります。

ビジネスパーソンにはコツコツ「積み立て」がおすすめ

ふつうのビジネスパーソンが投信を活用した資産形成を考えた場合、なるべく手間や時間をかけず、継続しやすい方法を考えたいものです。というのも、ふだんの生活では、仕事をはじめ、家庭、趣味など、投資以外にも力を注ぐことはたくさんあるからです。それに、投資のプロではありませんから、しっかり働いて「稼ぎ力」をあげること、ムダを省いて支出を抑えること、その上で貯蓄や投資に回すお金（元本）をふやすことの3つを意識することが大切です。

そこで、資産形成に必要以上の時間をかけないしくみをつくってしまいましょう。なるべく若いうちからお給料の一部を投信の「積み立て」に振り向けるのがポイントです。自分の手で何回かに分けて投信を買うのは手間がかかりますし、「忙しくて買えなかった」「株価が下がるとこわくて買えない」ということも起こります。

すでにまとまったお金がある人はそのうちの一部で投信をスポット購入し、そのあとは投信の積み立てを継続していくという方法もあります。

図6-4をご覧ください。これは世界株（＊168ページ）に10年積み立てを行ったときのデータです。10年の区切りをいろいろ変えて検証しています。毎月1万円ずつ積み立てると、投資元本は10年で120万円になります。

6-4 毎月1万円を10年世界株に投資した場合

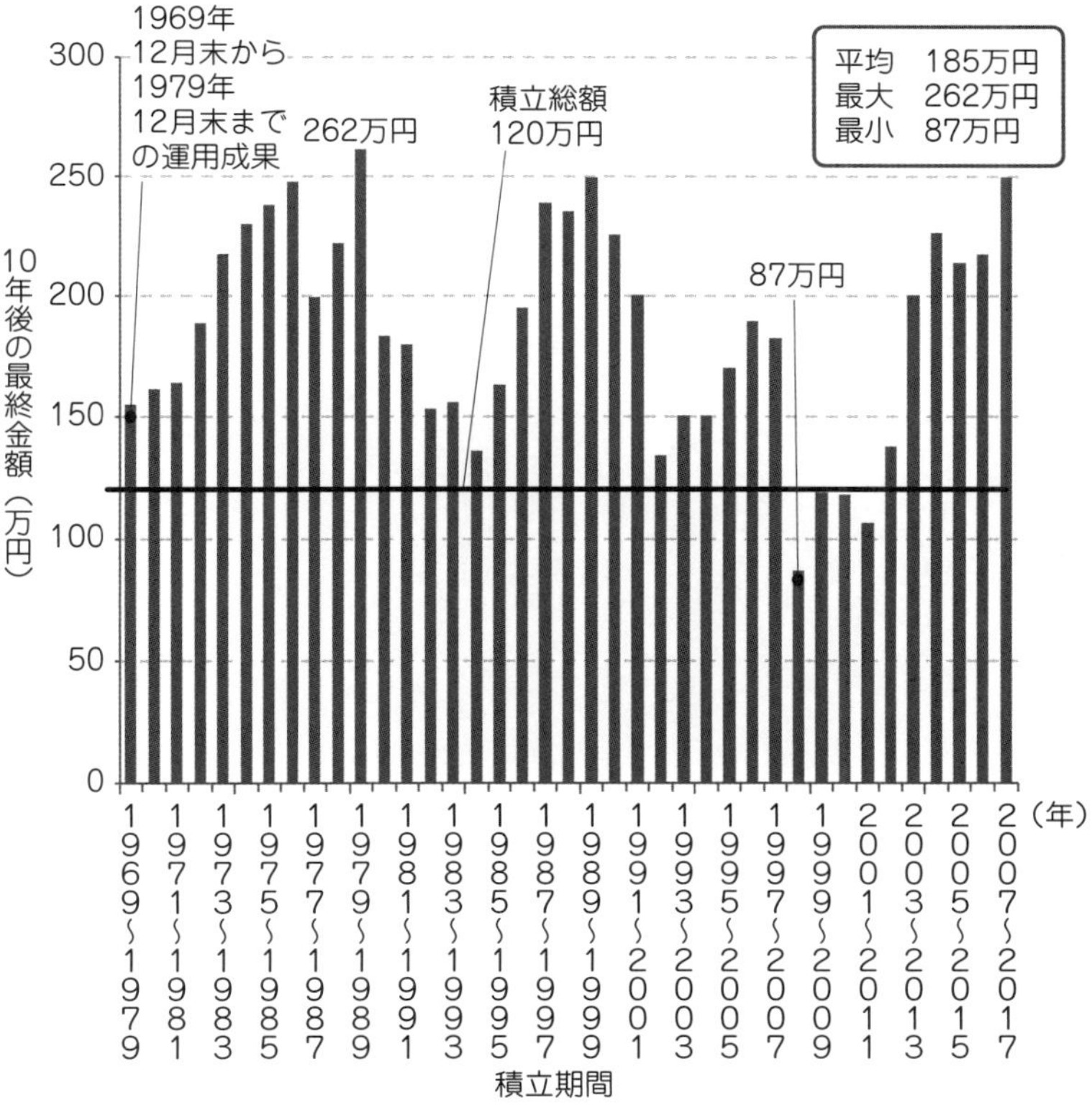

※各月末に1万円、世界株式に積立投資した場合の、10年間の運用成果を示しています。
<出所>世界株式：MSCIワールド（グロス、円ベース）

ヨコ軸は積み立て投資を行った期間で、たとえば「１９６９年12月末から１９７９年12月末」「１９７１年から１９８０年まで」というふうに表示していて、一番右側は２００７年12月末から２０１７年12月末」の10年間、世界株に積み立て投資をしたときの結果(評価額）を示しています。

世界株に10年積み立てをしたら、１２０万円が平均すると１８５万円になりました。いちばん成績のよかった年は２６２万円に、一方、いちばん悪かった年は金融危機のおきた２００８年末までの10年で87万円という結果でした。

２０１３年から17年までのそれぞれの10年をみると、大きく資産はふえているのですが、２００８年、09年（１１９万円）、２０１０年（１１８万円）、そして、11年（１０７万円）までの10年では積み立て総額を下回る結果となっています。

では、20年間、同じように、世界株を積み立てたとしたら、結果はどうなっていたでしょうか。図6-5をご覧ください。

毎月1万円ずつ積み立てると、投資元本は20年で２４０万円です。いちばん成績のさえない２００８年までの20年間でみても運用成績はプラスで、２７３万円になっていました。平均すると、２４０万円が５６３万円にふえているという結果になりました。あくまでも過去の結果ではありますが、少しは勇気づけられるのではないでしょうか。

＊世界株式：ＭＳＣＩワールド（グロス、円ベース）＝日本を含む先進国株の指数を使用

6-5 毎月1万円を20年世界株に投資した場合

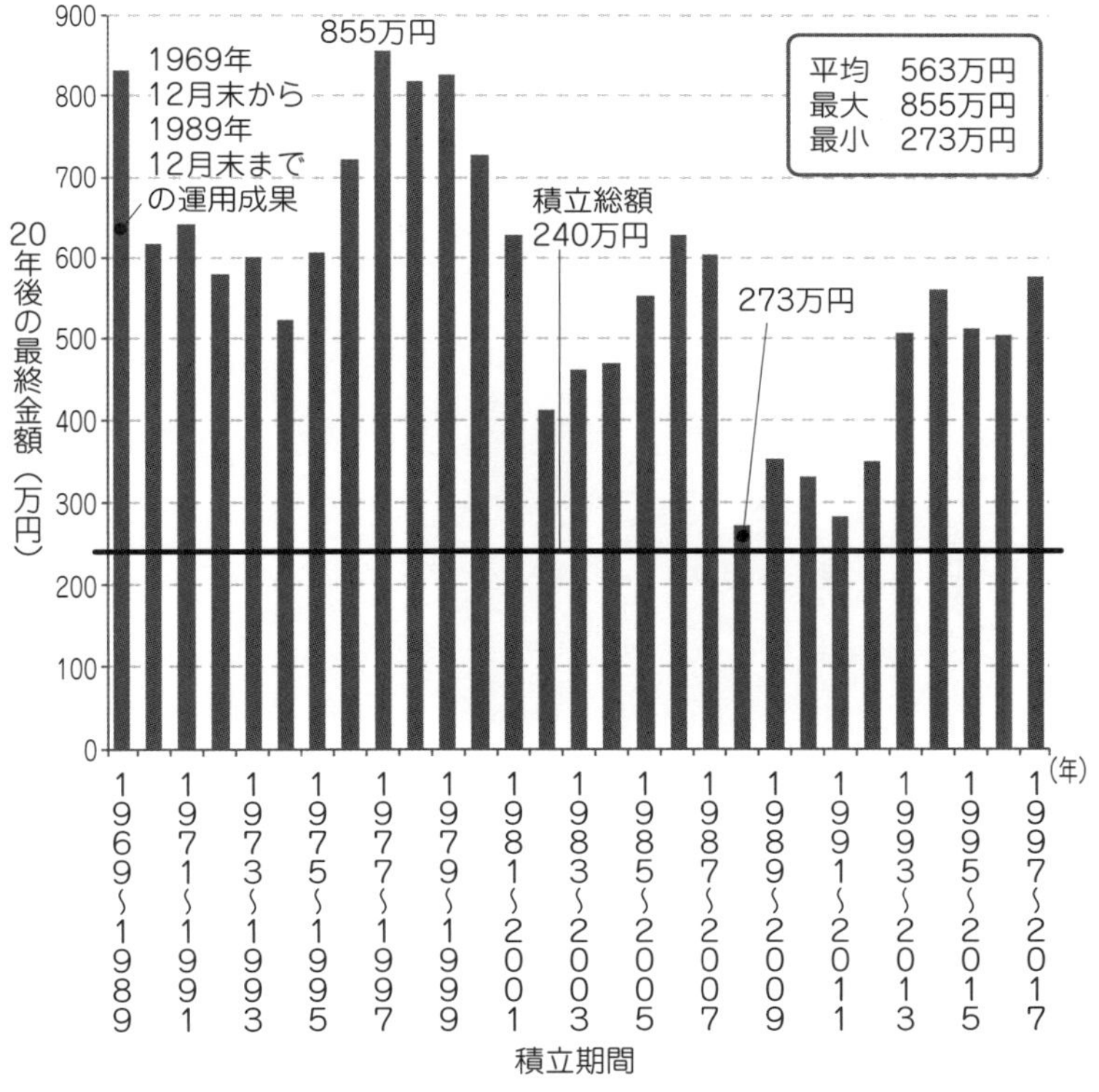

※各月末に1万円、世界株式に積立投資した場合の、20年間の運用成果を示しています。
<出所>世界株式：MSCIワールド（グロス、円ベース）

投信は「どこで」買える？

投信は、街でみかける証券会社や銀行の窓口のほか、ネット銀行・ネット証券などで購入することができます。ただし、注意点があります。預金の場合はどこの銀行でも預けられますが、投信は商品によって売っているお店と売っていないお店があるからです。

そこで、「この投信を買いたい」と思ったら、「どこで売っているのか？」を調べましょう。運用会社のホームページや、投資信託協会のホームページ内にある「投信総合検索ライブラリー」、投信情報会社のサイト（150ページ）などで調べられます。投信総合検索ライブラリーは購入時手数料の低い順に並べ替えることもできます。

つみたてNISAの対象商品はすべて購入時手数料がかかりませんが、一般NISAや特定口座などの課税口座で投信を購入する場合には、同じ商品でも買う場所によって、購入時手数料は異なることもあります。退職金の振込先や給与振込先の銀行で投信を購入する人も多いのですが、一般にネット証券で購入したほうが商品も豊富で、手数料も安いことが多いです。

銀行や証券会社を通さずに、個人に直接投信を販売する運用会社もあります。「直販」と言われ、特定の証券会社や銀行の傘下に入っていない運用会社が中心です。トップや運用担当者による自社商品の説明会などを頻繁に開催しているのが特徴です。

6-6 どこで買う？　お店によって手数料も違ってくる

家電製品と同じで、店によって取扱いがなかったり、
値段（購入時手数料）が違ったりすることもある

金融機関はどう選ぶ?

160ページで投信を買う場として、iDeCoやNISA(つみたてNISAまたは一般NISA)といった非課税口座を優先的に利用しましょうというお話をしました。iDeCoもNISA口座も、原則一人につき、ひとつしか口座をつくることができないので、金融機関については慎重に選びましょう(*)。

いずれも、証券会社やネット証券、銀行(都市銀行や地方銀行など)、信用金庫、投資信託を直接販売している運用会社などで口座を開設することができます。

たとえば、つみたてNISAを利用する場合、①取扱い本数・商品、②最低積立金額などを確認して金融機関を選びましょう。

iDeCoの場合には、①継続的にかかる口座管理手数料(口座を開設すると口座管理手数料が継続的にかかります)、②取り扱う商品(金融機関によって取扱商品が異なります)、③利便性・サービス(ネット・電話だけか店頭で申し込みができるか、コールセンターの受付時間など)の3つの基準で選びたいところです。

図6-7にそれぞれの金融機関の例をあげたので、参考にしてください。

*NISA口座は年ごとに変更することは可能。ただし、商品の移換はできない。iDeCoは金融機関を変更し、資産を持ち運ぶことはできるが、一度現金化される

6-7 使い勝手のいい金融機関の例

NISA口座

（つみたてNISAまたは一般NISA）

SBI証券

楽天証券

「つみたてNISA」は対象となっている投信の運用管理費用（信託報酬）の上限が設定されていて、購入時手数料もかからないので、買いたい商品を取り扱っているなら、上記金融機関以外で購入してもOK

iDeCo

●ネット＋コールセンター

SBI証券
楽天証券
みずほ銀行
野村証券

●店舗などで相談・申込可

りそな銀行
イオン銀行
ろうきん
三井住友銀行

iDeCoはネット・電話で資料を取り寄せ、申し込む金融機関が多いが、一部店舗などで相談・申込ができる金融機関もある

口座開設は時間がかかるが、一度つくれば後は楽ちん！

ネット証券で口座を開設するにはどうしたらよいでしょう。ＮＩＳＡ口座を開設するケースをみていきます。まず会社のホームページにアクセス。「口座開設」画面に名前や住所などの必要事項を入力し送信すると、後日、口座開設の書類が郵送されます。同じ年につみたてＮＩＳＡと一般ＮＩＳＡは両方利用できないため、どちらか一方を選びます。

入力した情報は印字されていることが多いので、内容を確認し、サインして印鑑を押します。マイナンバー確認書類や「非課税適用確認書の交付申請書兼非課税口座開設届出書」、運転免許証などの身分証明書をコピーして同封して返送。あとは口座開設のお知らせが届くのを待ちましょう。ネットの場合、口座開設に2週間程度かかりますが、ＮＩＳＡ口座は非課税制度という性格上、税務署への申請も必要なのでさらに1～2週間余計に時間がかかります。記入漏れや間違いなどがあると、さらに時間がかかってしまいます。

口座番号とパスワードが届いたら、口座手続きは完了。一般ＮＩＳＡでスポット購入する場合には購入前にお金の振込をお忘れなく。お金が口座にないと投信が買えません。最近は銀行のインターネットバンキングやネット銀行経由で即時入金も可能です。積み立てを希望する人は、商品や月々の積立金額などを決めれば、あとは銀行や証券会社の指定口座から自動的に引き落とされて投信を買い付けることができます。

6-8 ネットで投信を買うためには、まず口座開設

投信購入後は、定期的なメンテナンスが大事！

投信を買う時には、たとえば「預金などの安全資産と投資信託を1対1で持とう」とか、「日本株の投信と海外株の投信を4対6の割合で持とう」というふうに決めておきます。ただ、最初に割合を考えても、投信は日々価格が変動するため、運用していると当初決めた比率が崩れてしまいます。バランスが崩れたまま放っておくと、当初の想定より価格の変動幅が大きくなったり、リターンが低くなったりする可能性も。そこで、定期的に元の配分に戻す作業が必要になります。この作業のことを「リバランス」といいます。

方法は2つあります。ひとつは当初の比率よりもふえた商品を解約し、比率の低くなった商品を購入することで元の比率に戻す方法です。ただ、NISA口座で投信を解約するとNISA口座からはだされてしまいますし、課税口座では利益がでていると税金が差し引かれます。そこで、資産総額が少ないうちは解約せず、「買い」だけで比率を調整しましょう。たとえば、比率の減った商品の積立額をふやしたりすることで調整するのです。

最近は第4章でご紹介したように、1本で日本を含む全世界の株に投資をできる商品もあります。こうした商品は時価総額に沿った比率に自動的に調整されるためリバランスを行う必要はありません。運用会社が自動的にリバランスを行うバランス型の投信も同様です。調整が面倒だという人はこうした商品を利用するという選択肢もあります。

6-9 数年に1回のメンテナンスでリスクを抑えられる

リバランス 定期的に資産を確認して運用開始時の資産配分に戻すこと

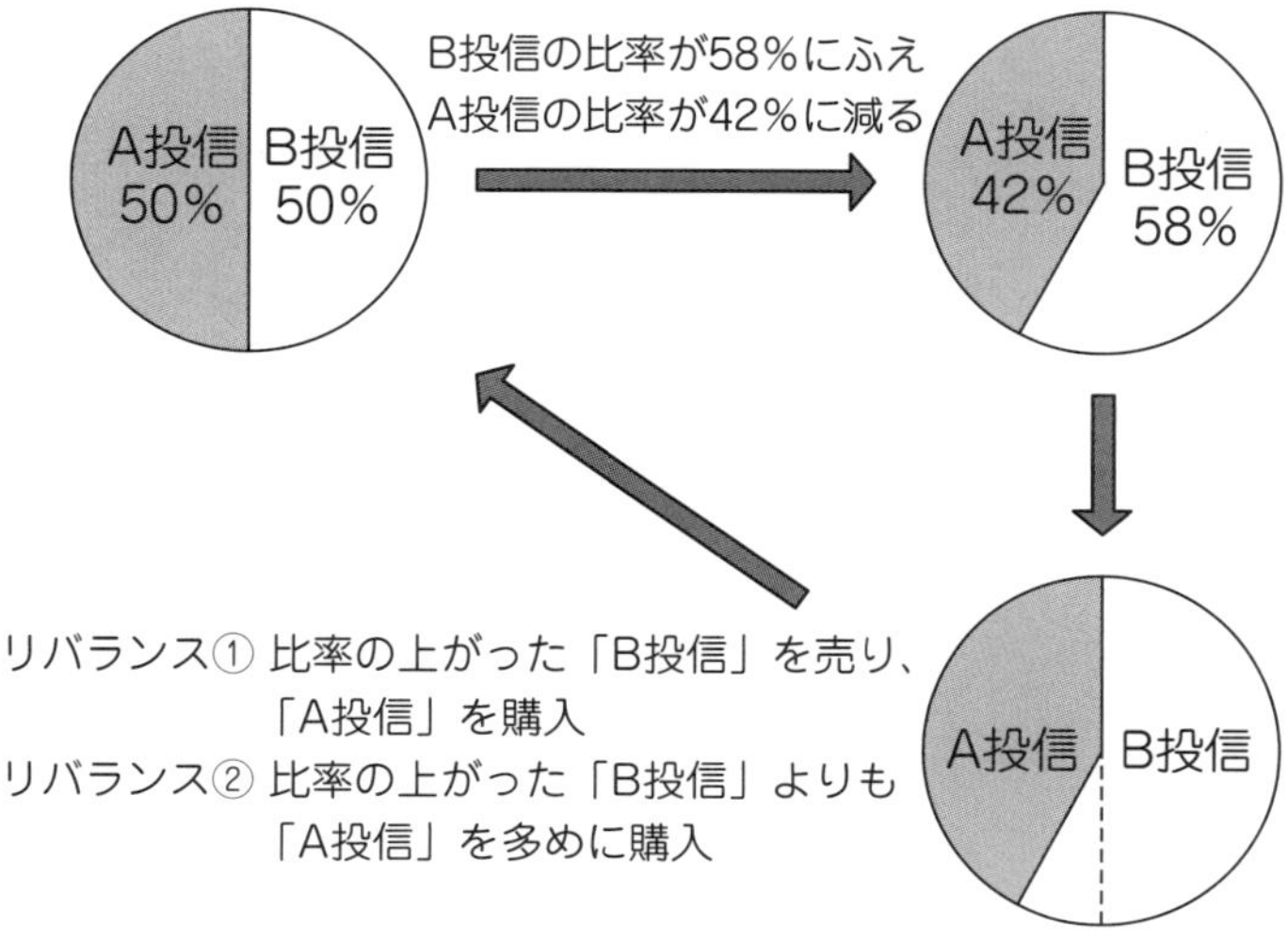

投信はいつ解約したらいいの?

投信を解約していいのは次の3つのときです。

1つは目的のために使う時期が来たときです。投信を購入して運用するのは何か目的があるからですよね。たとえば、「老後資金をつくるため」なら、老後資金を使うときになったら解約すればよいですし、その前までは運用し続けるのが基本。運用していれば、短期的に基準価額が上がったり、下がったりすることはあります。けれど、基準価額が上昇したからといってちょくちょく売っているとお金を大きく育てることはできません。いちばんよくないのは、相場が大きく下げたときに動揺して売ってしまうことです。

2つ目はリバランスするときです(176ページでご説明しました)。

そして、3つ目は投信が様変わりしてしまったとき。たとえば、「運用体制・運用責任者が変更になった」「運用方針が変わってしまった」「投資家の解約が相次いでいる」というときは要注意です。

「なぜこの投信を購入しようと思ったのか」「この投信の魅力はなんだったのか」をもう一度思い返してみましょう。最初に付き合いだした頃の魅力が薄れていなければ多少下がっていても保有すべきですが、購入時に選んだ理由が変わってしまった場合は投資はやめるべき。決断のときといえそうです。

6-10 投信を解約するシーンは主に3つ！

投資信託を解約するには？

投信は万一お金が必要になったら、全部でも、一部でも解約できるのがよいところです。解約したお金は、受け取れるまで申込の受付から最低3営業日かかります（正確な日数は商品ごとに異なります）。また、企業型ＤＣやｉＤｅＣｏの口座で運用している投信については解約することはできますが、原則60歳までお金を引き出すことはできません。

投信を解約して他の商品に預け替えを行うときには、自分で「いくら解約したい」というように金額を指定して解約するケースと、「何口解約したい」という具合に口数を指定する金融機関があります（選択できるケースもあります）。金額を指定する場合は困らないと思いますが、なかには「口数」でしか指定できない金融機関もあります。その場合、どのように解約する「口数」を指定すればよいでしょうか。

あなたが「解約したい金額」と保有する投信の「基準価額」がわかれば、解約する口数を計算することができます（図6-11）。ただし、投信は1日に1回しか値段がつきません（第2章の42ページ参照）。解約の注文を出すときには解約時の基準価額がわからないので、計算でだした口数はあくまでも概算ということになります。もちろん株式のように「いくらで売りたい」という指定もできません。購入するときにはいくらで買えるのか、そして解約するときにも、「いくら売れるのか」わからないまま注文を出すのが投信なのです。

6-11 解約する口数を出すには？

解約したい金額 ÷ 基準価額※1 × 基準単位※2

※1信託財産留保額があるときは基準価額ではなく、解約価額＝基準価額ー信託財産留保額（基準価額×信託財産留保額の率）で計算する
※2基準価額が「1万口当たり○円」で表示されている場合には基準単位は10,000になる

投信を10万円分
解約したい

基準価額が1万口当たり8000円の場合

↓

10万円÷8,000円×10,000
＝12万5,000口を解約

基準価額が1万口当たり1万2500円の場合

↓

10万円÷1万2,500円×10,000
＝８万口を解約

➡投信をどう取り崩していくか

投信を一気に解約する方法もありますが、長寿のいまは運用しながら取り崩していくという方法も検討しましょう。徐々に投信を取り崩すには3つの方法があります。

①一定額ずつ解約していく（定額引き出し）

たとえば、「毎月10万円ずつ引き出す」というように、一定の金額を定期的に取り崩していく方法です。3つの中ではいちばんわかりやすい方法で、金融機関の一部では自動的に解約するサービスを提供しているところもあります。

ただし、一定額ずつ引き出すということは、ドルコスト平均法の逆を行うことになります。つまり、下がったときにたくさんの口数を解約してしまうのです。そのため、取り崩し始めた当初相場の低迷が続くと、想定よりも早く運用資金が尽きてしまう可能性もあります。もちろん、逆に想定以上に良好な相場環境になり、運用資金が想定よりも長くもつ可能性もありますが、運用資産がいつまで持つのかを相場にゆだねることになります。

②一定の比率で引き出していく

定率引き出しというのは、運用残高に対して一定の比率を引き出していく方法です。この方法だと、上昇しているときには多めの金額を、下落時には少ない金額を引き出すことになり、資産の減少ペースは①定額引き出しに比べて遅くなります。半面、毎年の引き出し額が一定しないので、生活設計が立てにくいという面もあります。

公的年金や確定給付型の企業年金、他の金融資産などで生活できるメドが立つ人であれば、「引き出し額が多い年は海外旅行を楽しみ、引き出し額が少ない年は国内の温泉で」という具合に調整することは可能です。

③一定の口数を引き出していく

毎年（あるいは毎月）一定の口数ずつ解約していく方法です。たとえば「20年で取り崩したい」というように期間が決まっている場合には有効です。かりに20年かけて投信を解約する場合、保有する口数を20で割れば、年間に解約できる口数が決まるので、その分を解約していけばＯＫです。ただし、解約するときの価格によって受取額は上下します。

３つの方法をご説明しましたが、必ずしもひとつに決める必要はなく、最初は運用資金がなるべく減らないように、②定率法で取り崩していき、ある程度の年齢になったら①の定額法で取り崩していく、といったように組み合わせも可能です。

ここで一番大切なのは、冷静に退職後の生活設計を考えてみることです。具体的には、入ってくるお金（公的年金や企業年金など）と出ていくお金（毎月の生活費など）を計算してみる、リタイア後のライフスタイルを考える（どこに住んで、どんな生活を送りたいか）こと。そこを明確にして初めて、取り崩し方も選択できます。

ファイナンシャル・プランナーをどう選ぶ？

投信を購入するときにFP（ファイナンシャル・プランナー）に相談したいという人も多いようです。ひと口にFPといっても、いろんな立場の人がいるので、相談に行く前にその違いを理解しておくことが大切です。

まず、FP資格だけを持ち、相談業務を行っているケースです。この場合、たとえば、日本株式○%、先進国株式○%といったアセット・アロケーションの提案を行うことはできますが、個別の投信をすすめることはできません。

次に、FP資格に加えて、投資助言・代理業の登録をしているケースです。この場合、具体的な商品の提案を含むアドバイスを行うことが可能です。徐々にではありますが、ふえてきています。

そして、IFA（独立系ファイナンシャルアドバイザー）と名乗ることが多いのですが、証券仲介を手掛けていて投信の販売を行っているケースです。この場合、購入時手数料や運用管理費用（信託報酬）のうちの販売会社の取り分の一部が収入になることが多いです。

相談に行く場合には、どのような立場の人で、どのようなサービスを行うのか、手数料体系はどうなっているのか。収入はどこから得ているのか――といったことを確認しましょう。

金融庁は金融機関に対して「顧客本位の業務運営」を行うように促していますが、FPも同様に顧客本位の姿勢が求められています。私たちも、どのような姿勢で業務に取り組んでいる会社・人なのかをきちんとみる必要があります。

＜参考図書＞

投資・資産形成の考え方を学べる

- 『投資家が「お金」よりも大切にしていること』（藤野英人、星海社新書）
- 『100歳までの長期投資－コア・サテライト戦略のすすめ』（岡本和久、日本経済新聞社）
- 『私の財産告白』（本多静六、実業之日本社文庫）

資産形成を応援する「制度」を理解する

- 『税金がタダになる、おトクな「つみたてNISA」「一般NISA」活用入門』（竹川美奈子、ダイヤモンド社）
- 『一番やさしい！一番くわしい！個人型確定拠出年金 iDeCo（イデコ）活用入門』（竹川美奈子、ダイヤモンド社）
- 『"税金ゼロ"の資産運用革命 つみたてNISA、イデコで超効率投資』（田村正之、日本経済新聞出版）

投信の積み立てを実践してきた個人投資家の体験を参考にできる

- 『お金は寝かせて増やしなさい』（水瀬ケンイチ、フォレスト出版）
- 『世界一ラクなお金の増やし方 #インデックス投資はじめました』（NightWalker、ぱる出版）
- 『臆病な人でもうまくいく投資法－お金の悩みから解放された11人の投信投資家の話』（竹川美奈子、プレジデント社）

長期投資を続ける仲間づくりに役立つＷＥＢ

- 「長期投資仲間」通信インベストライフ
  → http://www.investlife.jp/
- コツコツ投資家がコツコツ集まるファンページ
  → https://www.facebook.com/k2k2toushi/

おわりに――

最後までお読みいただき、ありがとうございました。

私がめざしているのは「日常の暮らしの中にある投資」です。多くの人にとって、仕事をしたり、家族と団らんしたり、趣味を楽しんだり、といった大切な日常があります。その中に投資を取り入れるには投資信託は便利なツールです。そして、iDeCoやつみたてNISA・一般NISAなど、資産形成を応援する制度がたくさんできましたが、その中に必ず入っているのが投資信託です。せっかくなら、投資信託を知って、前向きにおつきあいしてほしいという願いを込めて本書を執筆しました。

株式に投資する投資信託を持つ、ということはその先にある企業の株を持つということです。企業のオーナーとして、その企業の長期的成長の果実を分け合うのが投資なわけですから、長期で保有できる投信を選んで、少額でもコツコツと投資を続けていきたいものです。その結果として、資産形成もできるのではないでしょうか。

2017年にある投信の運用報告会に参加しました。そのとき、投資先企業の経営者のかたがこんな話をされていました。

「人は想う方に引き寄せられる。たとえば、ゴルフの池ポチャ。(ゴルフボールが)池に入るといやだなあーと池を思い浮かべると、逆に池におちる。だから、当社は「不良品率」ではなく、「顧客良品率」と機械に貼っている。良い品をつくることに目を向けるためだ」

私もそうありたいです。投資信託はまだまだ課題もありますが、この10年でよい方向に変わってきました。そして、今後もいい商品・サービスがふえるように、よい面に目を向けていきたいと思います。

最後に謝辞を。ダイヤモンド社書籍編集局第二編集部の木村香代さんには大変お世話になりました。旧版に引き続き、イラストは宗誠二郎さんに描いていただきました。宗さんのイラストのお蔭で、本書もよりわかりやすいものになったと思います。そのほかにも、投資信託に携わる皆さまや個人投資家さんなど、たくさんの方々にアドバイスを頂戴しました。この場を借りて御礼を申し上げます。

本書をお読みいただくことで、投資信託を身近に感じていただければ、幸いです。

2018年8月　竹川美奈子

➔ ま行

➔ ら行

➔ な行

➔ は行

➔ さ行

➔ た行

➔ か行

索引

➔ あ行

重要事項（ディスクレイマー）

●本書に含まれる情報に関しては、筆者が信頼できると判断した情報をもとに作成したものですが、その内容および正確性、完全性、有用性について保証するものではありません。また、本書に記載された内容及びデータは2018年７月末時点において作成されたものであり、予告なく変更される場合があります。
●本書における情報はあくまで情報提供を目的としたものであり、推奨・勧誘を目的としたものではありません。個別の商品の詳細については金融機関に直接お問い合わせください。
●情報の利用の結果として何らかの損害が発生した場合、著者および出版社は理由のいかんを問わず、責任を負いません。投資対象および商品の選択など、投資にかかる最終決定はご自身の判断でなさるようお願い致します。

●P5の図、図4-3（P107）、図6-4（P167）、図6-5（P169）について

・当資料は情報提供を目的としてイボットソン・アソシエイツ・ジャパン株式会社が作成したものであり、いかなる投資の推奨・勧誘を目的としたものではありません。
・当資料は、各種の信頼できる情報に基づき作成しておりますが、その正確性・完全性を保証するものではありません。
・当資料の中で記載されている内容、数値、図表、意見等は当資料作成時点のものであり、将来の成果を示唆・保証するものではありません。
・当資料の中で記載されている数値・図表等において、利息・配当は再投資したものとし、取引に係る手数料・税金は考慮しておりません。
・当資料はイボットソン・アソシエイツ・ジャパン株式会社の著作物です。イボットソン・アソシエイツ・ジャパン株式会社の承諾なしの利用、複製等は損害賠償、著作権法の罰則の対象となります。

[著者]
竹川美奈子（たけかわ・みなこ）
LIFE MAP,LLC代表/ファイナンシャル・ジャーナリスト
出版社や新聞社勤務などを経て独立。2000年FP資格を取得。新聞・雑誌等で取材・執筆活動を行うほか、投資信託やiDeCo（個人型確定拠出年金）、マネープランセミナーなどの講師を務める。
「1億人の投信大賞」選定メンバー、「コツコツ投資家がコツコツ集まる夕べ（東京）」幹事などをつとめ、投資のすそ野を広げる活動に取り組んでいる。2016年7月～12月金融庁金融審議会「市場ワーキング・グループ」委員。
『税金がタダになる、おトクな「つみたてNISA」「一般NISA」活用入門』『一番やさしい！一番くわしい！個人型確定拠出年金 iDeCo 活用入門』（共にダイヤモンド社）ほか、著書多数。
WEBサイト　lifemapllc.com

改訂版　一番やさしい！一番くわしい！
はじめての「投資信託」入門

2018年9月5日　第1刷発行
2019年5月31日　第2刷発行

著　者――竹川美奈子
発行所――ダイヤモンド社
〒150-8409　東京都渋谷区神宮前6-12-17
http://www.diamond.co.jp/
電話／03･5778･7234（編集）　03･5778･7240（販売）
装丁――――萩原弦一郎(256)
イラスト――宗誠二郎
DTP･製作進行――ダイヤモンド・グラフィック社
印刷――――加藤文明社
製本――――加藤製本
編集担当――木村香代

ISBN 978-4-478-10639-6